吉利支丹抄物《きりしたんしょうもつ》

解説と現代訳

書き残されていたキリシタンの信仰

坂井良美 著

教友社

本書は、一九二〇年に発見された『吉利支丹抄物』を気軽に手に取って読めるようにしたものです。「聖母の騎士」誌二〇一六年一〇月号から一二月号の掲載文を第一部、その残りを第二部としました。

前文——ザビエル聖人の腕力

内藤　徹男（仁川教会信徒　建築家）

終戦後まもない一九四九年七月に、中学二年生の私はカトリックの洗礼を受けました。そのひと月前、奇特なことに、聖フランシスコ・ザビエルの右腕に、私は口付けしたのです。

この年の五月末から二週間、ザビエル聖人渡来四百年記念祭が、教皇ピオ十二世の特使を迎えて盛大に催されました。長崎を皮切りに東へと巡行される聖腕を、神戸の六甲教会にお迎えしました。そこから急坂を登った山腹にある母校、イエズス会六甲学院のキャンパスを、奉持された聖腕はくまなく巡られたとのこと。聖人の望んでおられたセミナリオ設立の意思を現代に継いだ、この男子中高一貫校の姿をご覧いただいたのでしょう。

六甲教会の仮聖堂、百人も入れば息苦しい板の間に正座して、聖人を讃えるミサに与り、右腕に口付けしたのです。尊いものに唇をふれて敬意を払う西欧の風習なんて、まったく知りません。勇気をふるって進み出て、聖体拝領台の前に横一列にひざまずき、順を待ちました。黄金のガラスケースに入った聖腕を司祭が斜めに持って、一人一人の顔に近づけてくれます。口付けすると助祭が白布で拭います。

聖人の茶褐色の右腕を目の前にしたとき、アッと息を飲みました。私の思い込んでいた右腕は手のひら側だったのに、手の甲が表を向いていたのです。

波涛にもまれる船の命綱を握った手のひら。親しく一介の人々や時の権力者の手を握り、洗礼を授け、祝福と按手を与えた手のひら。〝たなごころ〟は手の甲よりも、聖人の思いと行動、歴史の現実感を、時空を超えて私たちに生々しく伝えてくれるはずです。「なんでや、なんでやねん」。聖腕を拝した喜びとともに、八十路を越えた今でも、手のひらへのこだわりが消えないほどのインパクトを受けたのです。

私の人生で、聖人の右腕との出会いに匹敵するショックは、幼き日の八月十五日です。大阪、神戸、阪神大空襲の地獄を体験して敗戦を迎えたのが、もう分別のつく小学四年生。この日を境にした世間の変わり身の早さ、特に夏休みを挟んだ先生たちの変身に驚き、恐ろしいとさえ感じたことでした。「私の教えていたことは間違いだったから、ここからこのページまで、墨を塗りましょう」。強圧的なギッチョ矯正でボロボロになっていた私に「今日から左手で字を書いてもいいんだよ」と笑顔を見せる。この児童教育現場の残酷な事実が、すべての不条理を物語っています。平穏な日々を過ごしていたものの、こころの奥底に傷は残ったでしょうね。同級生の多くが言います、何事にも「それほんとうかなぁ」という軽い疑問が湧くようになったと。

ですから、ザビエルに続くイエズス会士たちが、炎のような情熱と洗練された宣教行動のバランスに立って、次々に築いた神の王国、そして弾圧、追放、殉教へと傾斜していった波乱の歴史を、指導神父から幾度となく聞かされても、私たちには聖人奇譚物語や時代小説のようで、史実として伝わり難いのです。一度に何百何千の人たちに洗礼を授けたなんて話になると、白髪三千丈の類かと、容易に信じられませんでした。

こうしたなかで、再び日本に戻って来られた聖フランシスコ・ザビエルの右腕が、目の当たりにした者の心をわし掴みにして、歴史の現実感を一気に引き寄せてくださったのです。なんという理解を超えた聖遺物のもつ力の凄さでしょう。わが師の先輩イエズス会士たちの、一途な信仰と沈着な判断に基づいて活躍した史実が、ようやく感得できるようになってきました。口先だけの平和で、実は空っぽの私たちに、思いもよらない衝撃と感動が、尊いものに帰依するこころを与えてくれたのでしょう。

聖腕のご来訪以後、六甲学院で受洗者が驚くほど増えたのは事実です。ザビエル聖人からのメッセージと感動が起爆剤になって、はた目には熱病の蔓延か集団ヒステリーかと思えるほど数を増してゆき、大勢の聖職者を世に送り出したのは、当然の帰結だったと思います。学院のキャンパスをくまなくお巡りになった聖人は、ここを先途と腕力を発揮して、喝を入れられたのでしょう。

話は変わるようで続きます。

私と同じ西宮のカトリック仁川教会に所属する信徒、坂井良美さんの執筆された『吉利支丹抄物』。高山右近ゆかりの地で、ザビエルの肖像画とともに発見された「一冊の文書」を読み解いていく、感興に満ちた本文に繋がるのです。

いまは重文指定されている「聖フランシスコ・ザビエル像」が大阪府茨木市大字千提寺の旧家、東家の〝あけずの櫃〟から発見されたのが一九二〇（大正九）年。同時に発見された秘匿品のうちの一点が、坂井さんが紹介する「革表紙の一冊の手帳」です。ここ千提寺地区は高山右近の知行地で、天正一一年から三年間、自身で集中的に布教活動をしており、ザビエル像の存在から推察して、イエズス会の指導であったことがわかります。

手のひらサイズの分厚い手帳は、指導者の説教ノートのようなもので、判読は困難、原本の所在も不明なので、これまであまり注目を引かず、全文の現代語翻訳もありません。しかし、千提寺地区の発掘調査で、キリシタン墓が数多く発見され、キリシタンの里の全体像がおぼろげながら浮かび上がってきました。

坂井さんは歴史学、古文書学の専門家ではありませんが、往時の信仰の発露をこの手帳から読み取り、世に紹介したいと、努力を重ねてこられました。研究者の精緻な現代語訳文が発表されるのも、そう遠くはないとのことです。そうなれば、私もイエズス会の教育方針に学んだ不肖の徒。手帳の背景にある、わが師の先輩たちの活躍が実在的に想像できるようになって、より親しみを持てるのではと、期待しています。

蛇足ですが、現在は神戸市立博物館の所蔵になる「聖フランシスコ・ザビエル像」は、胸の前で両腕をクロスさせて、主の愛に満たされて燃えるハートを、たなごころに抱いています。微妙な手の表情から、すべてを神に向けて開き、すべてを捧げる聖人が見えます。イエズス会総長さま、聖腕を両側から拝観できるガラスケースを、ぜひとも新調してください。

目　次

第二部……53

第一部

1. はじめに

日本にキリスト教を伝えたイエズス会宣教師フランシスコ・ザビエル。その肖像画は、歴史の教科書などでよく目にします。一九二〇年に発見されたこの絵が、キリシタン大名、高山右近が領主だった京都と大阪の間に位置する隠れ里、千提寺《せんだいじ》で、ひそかに守り伝えられてきたことは、一般にあまり知られていませんでした（ザビエルの絵は一九三五年に神戸在住の南蛮美術収集家、池長孟《はじめ》氏の所蔵となり、一九五一年、美術館ごと、神戸市に委譲され、現在は、神戸市立博物館が所蔵）。

一九八七年、その発見場所に茨木市立キリシタン遺物史料館が建てられ、何千もの人が毎年、訪れるようになりました。そして二〇一七年、数々の発見の発端となったクルス山と、カトリック千提寺教会跡地の近くに、新しく高速道路のインターチェンジが完成しました。

道路工事に先だって実施された大規模な発掘調査によって、遺物を秘蔵していた家々の先祖のキリシタン墓が次々と現れ、しかもユスト高山右近が、聖人の前段階の福者の列に加えられました。その教令に二〇一六年一月に署名した現在のローマ教皇フランシスコは、若き日に宣教師として日本に来ることを願った、史上初（歴代教皇の中で最初）のイエズス会出身者。神様の望みであれば、文字通り「生者と死者」の祈りがひとつとなって発見当時のような「聖地」と呼ばれる日が訪れるかもしれません。

信仰を生き抜いた彼らの心のうちにあったものは、何だったのか。この拙文が、それを知る助けとなることを願います。

キリシタン用語の解説

この古文書の大半を占める黙想部分は、ドミニコ会のルイス・デ・グラナダの名著をもとにして出された短縮版の邦訳とのことです。『霊操《れいそう》』の影響もあるように思われますので、とくに繰り返し用いられている三つの言葉について、イエズス会のデ・ルカ・レンゾ神父様（日本二十六聖人記念館館長、当時）に簡単に解説していただきました。

イエズス会創立者の聖イグナチオが始めた「霊操」は、当時「スピリツアル修行」と呼ばれ、ユスト高山右近もおこないました。今も、イエズス会司祭の指導の下で、一般の信者もおこなうことができます。単なる想像ではなく、神と深く出会い、変えられる体験をします。

観　念

聖イグナチオの『霊操』ではラテン語の contemplatio 祈りの一つの方法。「眺める」という語源であり、「心の目で観る」意味を持ち、祈る人は聖書などの場面にいるような感覚を味わう祈りである。

ころきよ

聖イグナチオの『霊操』ではラテン語の colloquio「親しく語り合う」という意味で、祈りの最後に、祈る人は神様と語り合って、ものを頼んだり、感謝したりして、自分の心を打ち明ける祈りの一部を指している。

おらしよ

『霊操』に限らず、oratio 一般的に「祈り」を意味する。他の説明がない限り、日本では、声を出して誦《とな》える決まった祈り（主の祈りなど）を意味すると解釈できる。

2. 「吉利支丹抄物《きりしたんしょうもつ》」とは

有名な聖フランシスコ・ザビエルの絵は、大阪府茨木市の東家《ひがし》で、一九二〇年に発見されました。かまどの上の屋根の棟木にくくり付けられていた細長い木箱（櫃《ひつ》）から出てきたのです。聖体を賛美し、ロザリオを黙想するための絵「マリア十五玄義図」も巻いた状態で、そこに納められていました。小さな聖母像、十字架像……。さらに、革表紙の分厚い「手帳」型古文書もありました。

もともと東家に代々守り伝えられてきた箱は、三つありました。火事に遭ったときに三つとも運び出したのですが、何も知らない人が、そのうちの二つを他の焼けたものと一緒に捨ててしまったという最後のキリシタン女性の証言が残されています。そこにも、たいへん貴重な「宝」が納められていたのでしょう。

この発見された白紙ページのある「手帳」は、手のひらサイズの「説教ノート」、つまり指導的立場の人のノートか、それを書き写したノートと言えるようです。判読が困難なためか、原本の所在がはっきりしないためか、これまでほとんど注目を浴びませんでした。百年近く前に発見されたにもかかわらず、全文の現代語訳はまだありません。東満理亜《ひがしまりあ》さんが「先祖の信仰を知りたい」という思いから、専門家に相談し、これまで頑張ってこられました。「右近と読める字が冒頭に書かれているので、高山右近に深く関わるものではないか」と以前から話されていました。まもなく専門家による研究成果と全文の現代語訳が出されるでしょう。

内容は、**「ミサにあずかる心得」「聖体の連願」「祈りと黙想の手引き」**の三つに分けることができそうです。全体を、簡単に説明します。

3．ミサにあずかる心得

今から約半世紀前まで、世界共通のラテン語で、ミサはおこなわれていました。キリストの御血と御体に聖変化する大切な祈りを、小声で唱えることになっていました。カトリック信者は、司祭と共に祭壇に向かい、司祭の背中を見ながら、遠いローマの教会や目に見えない天上の教会にも、心を合わせて祈りました。

ミサのはじめに天使と聖人、そして集う人々の前に立ち、罪のゆるしを全能の神に願ったあと、司祭は祭壇へ進みました。ミサの最後にはヨハネ福音書の「初めに、ことばがあった。……ことばは肉となって、わたしたちの間に宿られた。……」（1章1～14節）の朗読とともに深い祈りをささげました。いま以上に原罪と贖《あがな》い、そして聖体の神秘とキリストの現存が、人々の心に迫ってきたことでしょう。

これを、いったい誰が書いたのでしょうか。

四百年以上前の様子を再現するために、できるだけ、そのまま記してみました。しかし、読みづらいと感じて書き改めたところも多くあります。ご了承ください。

箇条書きのタイトルは、外来語をカタカナに、数字を算用数字にして、ミサ典礼で用いるラテン語と日本語を付記しました。流れるような筆の原文を活字にしたものは、石川道子氏が作成されました。これは『きりしたんのおらしよ』（二〇〇五年、教文館）で用いられているものとは異なります。□の記号は判読できない文字ですが、デウス（神）やイエス・キリストを意味する箇所があります。それらは発見当時の浜田青陵（濱田耕作）氏の説明によると、DSとJXOの「合字」のような文字とのことです。詳細の解説は、専門家に委ねます。

なお、ラテン語のミサは、現在もおこなわれています。式次第は新旧共に、インターネットで見ることができます。

御ミサの拝み方ならびに観念□　御みいさのおかみやう并に観念□

1　コンピサン（Confessio 回心の祈り）の段。

アダン、とが〔罪〕にお□〔ち〕られたることを後悔いたし、あやまりのおらしよ〔祈り〕を申し上げるべし。

2　インドロイト（Introitus 入祭唱）の段。

これ、ホロへ□ス〔預言者〕〔が〕□〔イエス・キリストの〕御出世〔誕生〕の子細を、かねて告げ申されたる〔ことを観〕念いたすところなり。

3　キリエ・イレイゾン（Kyrie eleison 主よ、憐れみたまえ「あわれみの賛歌」）の段。

この世界の善人、リンポ〔古聖所〕の大勢が□出世を待ちかね申されたるところを観念いたすべし。

4　グロウリヤ・イテキセリス（Gloria in excelsis「栄光の賛歌」）の段。

これは、御誕生の時、アンシヨ〔天使〕歌い申されたる言葉なれば、御出世の御恩を観念いたすところなり。

5　初番（最初）のドウミヌンス・オビ〔スクン〕（Dominus vobiscum 主は、皆さんと共に）は、三人の帝王〔三博士〕に、御身を〔あ〕らわしたまう所なれば、へりくだりを以て、進物となる〔サ〕キリヒイシヨ〔犠牲〕をささげ申すとの互いにすすめ合い奉る所なり。

6　オラシヨ（Oratio、Collecta 集祷文、集会祈願）の段。

十二の御とし、テンホロ〔神殿〕において、サンタマリヤ〔に〕見つけられたまう所なれば、このア〔ル〕タル〔祭壇〕において、アニマ〔魂〕をもって〔見〕つけたてまつる望むことわりをこい奉るところなり。

7　エピストラ（Epistola 書簡、使徒の手紙）の段。

これは、サン□アン〔聖ヨハネ〕、□〔イエス・キリスト〕の御さきへ、まか〔り出ら〕れ、パウチズモ〔洗礼〕、ヘニテンシヤ〔悔悛〕の道理を教えたまう所なれば、心をもよおし、心中を整え、覚悟の段なり。

8 アレルウヤ（Alleluia アレルヤ唱）の段。

これは、サンジユアン〔聖ヨハネ〕の御手により、□〔イエス・キリスト〕がパウチズ〔洗礼〕をかかりたまう時、天ひらけたる御よろこびの所なれば、いさ〔み〕を以て、デウスヒリヨ〔神の子〕にてましますす御子を真実にうやまいたてまつるべき所なり。

9 御経を左右になおしたまう事、

〔ジユ〕デヨ（ユダヤ）の一門が、御教えをうつしたまう所なれば、かつうはおそれ、かつうは御恩の御礼を申し上げ奉る也。（「かつうは」は当時の辞書によると、「あるいは」の意味）

10 エワンゼリヨ（Evangelium 福音）の段。

これは、□〔イエス・キリストの〕ぢき〔直〕の御だんぎなれば、このたっとき御教えを、たもち奉るガラサ（恵み）をこいたてまつるところなり。

11　ケレイド（Credo クレド、信経、信仰宣言）の段。

これは、もろもろのアポウストロ（使徒）を以て、御教えを広めたまうことわりなれば、ヒイ〔デ〕ス（信仰）を強く受け奉り、カラサ（恵み）を願い申すところなり。

12　二番のタウミヌンス（Dominus vobiscum 主は、皆さんと共に）の段。

これは、イエス・キリスト、数々の奇跡をあらわしたまうを以て、御身（ご自身）を諸人に知らせたまう。いよいよヒイデス（信仰）を〔以て〕□〔イエス・キリスト〕を慕い奉り、願いをもよおす。

13　水をカリスにたまう、ととのえの段。

これは、パスクワのセヤ（過越の晩餐）をととのえたまい、エウカリスチヤのサカラメント（聖体の秘跡）を定めたまう段なり。

14　オヘリトアリヤ（Offertorium 奉納唱）の段。

これは、セ□〔ヤ〕（晩餐）が過ぎて、誓いのおこないを定め、御教え、御体をサキリヒイシヨ（犠牲）として、ささげ奉るの儀を定めたまうこころなり。

15　手を洗いたまう（Lavabo）段。

これは、□〔イエス・キリスト〕、諸病を治したまう所なれば、我等のアニマ（霊魂）の位も癒し、清めたまえと頼み奉る段なり。

16　オラテ・フラテ（Orate, fratres 兄弟たちよ、祈れ）の段。

ジユデヨ（ユダヤ）より責められたまいて御身を慎しみたまう所なれば、イエスの御辛労をいたみ悲しみたてまつる段なり。

17　ヘレパシヨン（Praefatio 叙唱）のこれは、イエス、ゼルザレン（エルサレム）へ至りたまう時、万人よろこびをもって迎え奉る所なれば、ただいま、このアルタル（祭壇）へ来たりたまうべき所を観念し奉り、アニマ（霊魂）を以て、おむかえにまかりいで、もろもろのアンジウ〔天使〕のたっとみ申さるるサントス・サントス〔聖なるかな、聖なるかな「感謝の賛歌」〕のことばを以て、我もたっとみたてまつるところなり。

○ **メメンド（Memento 奉献文）の段。**

これは、悪人の手にかかり、からめ取られたまう御パシヨン〔苦難〕の所なれば、涙を以て、これを観じ奉る。この御功力〔に〕たいせられ、われ人を助けたまえと頼みたてまつり、このサキリヒイシヨ〔犠牲〕を受け取りたまえ〔と〕念じ奉る段なり。ここにおいて、心あてある人のために、題目を申し上げる所なり。

18 カリス（Calix）の上に両方の手をおきたまう事は、石の柱にからめつけ奉り、打擲《ちょうちゃく》いたし奉る事を観念いたすべし。

19 アウスチヤ（Hostia ホスチア）を上げたまう段。

これは、ヒラトス、□〔イエス・キリスト〕を万人に見せ、エキセ・ホウモ（Ecce

Homo見よ、この人を）と申したるごと〔く〕、かの玉体を、テウス・ハアテレ（天の父）へお目にかけ、この傷の御辛労をささげ奉るサキリヒイシヨ（犠牲）の段なり。

20　カアリス（カリス）をあげたまう時、ヒラトスの所にて、御全体□〔より〕流したまう御血を、我等のとが（罪）の題目としてささげ奉る所なれば、このサキリヒイシヨ（犠牲）をたしかに、うけ取りたまえと念じ奉る段なり。

21　アウスチヤ（ホスチア）とカリスを一つづつあげたまう事は、クルス（十字架）にかかり、□（デウス）ハアテレ（御父）へ御身をささげる所なれば、わがアニマ（魂）、色体（からだ）共にささげ、サキリヒシヨ（犠牲）になしたてまつる段なり。

22　ハアテル・ノウステル（Pater noster 主禱文、主の祈り）の段。
これは、クルス（十字架）の上にて、悪人のために□（デウス）ハアテレ（御父）を頼みたまう所なれば、かのオラシヨ（祈り）に我等も一致し奉り、ともにとが（罪）の御ゆるしをはじめとして、アニマ（霊）色体（からだ）のためにも他いかほどの事を頼みたてまつる段なり。

23 ハアセン（Pax Domini 主の平和）の段。

これは、クルス（十字架）において、□〔デウス〕と我等との間に無事（平和）をさずけたまう段なれば、国家諸大名の無事を念じ奉る所なり。

24 アウスチヤ（ホスチア）を三つに割りたまう段。

これは、右のサキリヒイシヨ（犠牲）、こころざす所をあらわしたまう儀なり。一つには、ハライゾ（天国）のヘアト（聖徒）のグラウリヤ（栄光）のため。二つには、現世のエケレシヤ（教会）、組の衆のカラサ（恵み）御繁盛のため。三つには、フルカタウリヨ（煉獄）のアニマ（霊魂）のくつろぎのため、是なり。また、□〔デウス〕の御体も御ハシヨン（受難）を以て、三ところにわかりたまう儀を観じ奉るべし。一つには、御死骸、石棺におさまりたまう。二つには、御アニマ（霊魂）、リンホ（古聖所）へ下りたまう。三つには、御血、クルス（十字架）のもとに流しおきたまうなり。

25　アニウス・テイ（Agnus Dei　神の子羊「平和の賛歌」）の段。

これは、むかし羊をささげ申さるるごとく、いま、このサキリヒイシヨ（犠牲）をささげ奉ると観念し段なれば、とが（罪）の御ゆるしを特にこい奉るべし。

26　ダウミヌンス（Domine, non sum dignus「主よ…」の聖体拝領前の祈り）の段。

これは、クルス（十字架）よりおろし奉る御死骸をサンタマリヤいだきたまい、おのおの御愁嘆なされたる所なれば、我がとが（罪）によってかかりたまうごとく、わがアニマ（霊魂）にきたりたまうべき功力なき事をなげき奉るべき段なり。

27　コムニヨ（Communio　聖体拝領）の段。

御死骸、石棺に納め申したる所なれば、我等のアニマ（霊魂）にやどし奉るべき事を念じ申す段なり。このうちに、すこし読みたまう経もくつつるなり（この最後は「翻刻」の違いから、「経目つづる」という解釈と、「経（聖体拝領唱）も加はる」という解釈がある）。

28　ダウミヌンス・オビスクン（Dominus vobiscum 主は、皆さんと共に）の段。

これは、生きかえりたまいて、あまたの御弟子に御体をあらわしたまうところなり。

29　オラシヨ（Oratio 拝領祈願）の段。

これは、御昇天なされ、我等のために、たえず□〔デウス〕ハアテレ（御父）へ御オラシヨ（祈祷）なしたまう所なれば、右条々の御恩の御礼を申し上げる段なり。

30　のちのタウミヌンス（Dominus vobiscum 主は、皆さんと共に）の段は、これは、ジユイゾ（神の審判）の時、ふたたび天下りたまい、万人に御身をあらわしたまう段なり。

31　イテ・ミサ・エス（Ite, Missa est 閉祭のあいさつ）の段。

万時、御成就のしるしとして、諸人に御いとまをつかわしたまう段なり。

32　ヘンサン（Benedictio 祝福）の段。

これは、シユイゾ（神の審判）の御決着として、善人悪人に仰せわたさるる御ことばなれば、なかにも、善人に果報（幸福）をさずけたまう事を観念いたし奉る段なり。

33　すえ（最後）のエワンセリヨ（Evangelium 福音）には、ハライゾ（天国）のながき御代をよろこび奉る所なれば、かのクロウリヤ（栄光）にいたし奉る事をねがい奉る段なり。

4．聖体の連願

カトリック教会では、聖変化したパン（ホスチア）がよく見えるように聖体顕示台に掲げて、聖体礼拝、聖体賛美式、聖体行列などをおこない、礼拝と賛美をささげます。そして神の恵みと祝福を願います。この「手帳」と共に発見された「マリア十五玄義図」にも中央の聖体（ホスチアとカリス）の上に「至聖なる秘跡（聖体）は、賛美されますように」という意味のポルトガル語が書かれています。

「聖体の連願」は、カトリック教会の聖体への信仰から溢れ出る言葉ですが、多くの日本人信者は、見知らぬ国の意味不明の言葉を、繰り返し唱えたか、歌のように聞いていただけだったかもしれません。しかしそうであっても、天上の教会、地上の教会、煉獄の教会と一致して唱和する祈りは、神に聴き入れられていたことでしょう。キリストと結ばれた霊的な絆が、時空を超えて存在するからです。

この絆のおかげで、すでにゆるされた罪の償いが免じられて、本人や煉獄にいる人がすぐに天国に迎え入れられると、カトリック教会は今も考え、教えています。公用語のラテン語の「免償の手引き」(一九九九年版)を、バチカンのホームページで見ることができます。日本語訳はないようです。

わたしたちを救うために来られ、今も、ここに生きておられる神であるキリスト(＝聖体)へ、そして、キリストを通して天の父へ、まごころを込めてささげるとき、人種、民族を超えた大きな家族の祈りと願いが聖霊の交わりのうちに、果てしなく広がってゆきます。

このように全世界で、何世紀にもわたって、皆が同じラテン語で祈りを唱えてきたことの意味は、大きいでしょう。

＊　＊　＊

・「連願（連祷）」は中世以降、聖マリアの連願（ロレトの連願）、イエスの御名の連願など、いくつか存在しますが、いずれも一人が先に唱えたあと、会衆が短い繰り返しの言葉で応え、それを交互に繰り返す形をとります。

・今の日本のカトリック教会では多くの場合、公用語のラテン語ではなく、日本語で唱えたり、簡単な節《ふし》を付けて歌ったりします。

・複製本やラテン語などと見比べて、石川道子氏の翻刻（活字）を訂正した箇所があります。△と◯は、もともと記されています。

・この「手帳」の中に、ひらがなで書かれたものはラテン語の発音です。ただし、タイトルの「らたにやす」はポルトガル語で、ラテン語は「リタニエ」です。会衆の繰り返し部分は、「同」と書かれています。

・DSは、特殊な合わせ文字のことです。「手帳」の最初のミサ部分にもデウス（神）をあらわすこの文字が用いられています。

・インターネットで、ラテン語のタイトルを入力して検索すると、カトリック教会の伝統的な祈りの一つとして、全文が出てきます。ひらがなで書き残されているのは、この前半部分です。

・英訳と仏訳を参照し、試訳しました。教会共同体として、皆で祈りをささげることのできる正確な訳が待ち望まれます。

至聖なる秘跡（聖体）への連願　Litaniae de Sanctissimo Sacramento

△さんちいしもさからめんとのらたにやす

Kyrie, eleison. **Kyrie, eleison.**　きりゑれいそん
Christe, eleison. **Christe, eleison.**　〇きりしてれいそん
Kyrie, eleison. **Kyrie, eleison.**　きりゑれいそん
〇きりしてれいそん

Christe, audi nos. **Christe, audi nos.**　きりしてあうてなうす
Christe, exaudi nos. **Christe, exaudi nos.**　〇きりしてゑさうてなふす

Pater de caelis, Deus, **miserere nobis.**　はあてるてせりＤＳ　みせれゝなうひす
Fili, Redemptor mundi, Deus, **miserere nobis.**
ひりれてんとるむんちＤＳ　みせれゝなうひす

Spiritus Sancte, Deus, **miserere nobis**.　すひりつさんてＤＳ　同

Sancta Trinitas, unus Deus, **miserere nobis**.　さんたちりにたすうぬすＤＳ　同

Panis vive, qui de caelo descendisti, **miserere nobis**.　はあにすひいふすきてせろてせんちしゑ　同

Deus absconditus et Salvator, **miserere nobis**.　てうすあふすこんちつすゑつさるわあとる　同

Frumentum electorum, **miserere nobis**.　ふるめんつんゑれきとうるん　同

Vinum germinans virgines, **miserere nobis**.　ひいぬんせるみなんすひるしねす　同

Panis pinguis et deliciae regum, **miserere nobis**.　はあにすぴんぎすゑつてりしゑ　れいくん　同

Iuge sacrificium, **miserere nobis**.　しうせさきりひいしうん　同

Oblatio munda, **miserere nobis**.　おふらしよむんた　同

Agne absque macula, **miserere nobis**.　あくぬすあふすけまあくら　同

Mensa purissima, **miserere nobis**.　めんさほろほし□□うにす　同

（「抄物」の言葉 Mensa propositionis と異なる）

Angelorum esca, **miserere nobis.** あんせろうるんゑすか 同

Manna absconditum, **miserere nobis.** まんなあぶすこんちつん 同

Memoria mirabilium Dei, **miserere nobis.** めもうりやみらひりうんでい 同

Panis supersubstantialis, **miserere nobis.** はあにすすへるすぶすたんしありす 同

Verbum caro factum, habitans in nobis, **miserere nobis.**

へるふんかろはくつんあひたんすいんなうひす

Hostia sancta, **miserere nobis.** おうすちやさんた□みせ□ 同

Calix benedictionis, **miserere nobis.** かありすへねちしようにす 同

Mysterium fidei, **miserere nobis.** みすてりうんひいでい 同

Praecelsum et venerabile Sacramentum, **miserere nobis.** （「抄物」にはない）

Sacrificium omnium sanctissimum, **miserere nobis.** れさきりひいしうん 同

（「抄物」では、Sacrificium が、次の行の言葉と合わさっているのかもしれない）

Sacrificium vere propitiatorium pro vivis et defunctis, **miserere nobis.**

へれほろひしあとうりうんほろひいひすゑつでふんちす 同

Caeleste antidotum, quo a peccatis praeservamur, **miserere nobis.**

せれすてあんちとつんくわうあへかあ□すへれせるわむる　同

Stupendum supra omnia miraculum, **miserere nobis.**

すつへんつんすうへらおむにやみらあくるん　同

Sacratissima Dominicae Passionis commemoratio, **miserere nobis.**

さからちいしまはしようにすとうみにこんめもらあしよ　同

（「抄物」では語順が異なる）

Donum transcendens omnem plenitudinem, **miserere nobis.**

たうぬんたらんせんでんおむねんへれにつうゑねん　同

Memoriale praecipuum divini amoris, **miserere nobis.**

めもりあれへれしぶうんぢびにあもりす　同

Divinae affluentia largitatis, **miserere nobis.**

○ちひねあふるゑんしやらるしたあちす　同

Sacrosanctum et augustissimum mysterium, **miserere nobis.**

○さゝろさんつんゑつあうくすちいしむんみすてりうん　同

Pharmacum immortalitatis, **miserere nobis.** はるまくんいんもるたりたあちす 同

Tremendum ac vivificum Sacramentum, **miserere nobis.**

てれめんつんあくびゞひくんさからめんつうん

Panis omnipotentia Verbi caro factus, **miserere nobis.**

はあにすおむにほてんしやへるひ□ろはくつす 同

Incruentum sacrificium, **miserere nobis.** ○いんくるゑんつんさきりひしうん 同

Cibus et convivia, **miserere nobis.** ○しいふすゑつこんびいわ 同

Dulcissimum convivium, cui assistunt Angeli ministrantes, **miserere nobis.**

つるしゝむんこんびいひうんくいあしすつん（「抄物」は以下欠落）

Sacramentum pietatis, **miserere nobis.**

Vinculum caritatis, **miserere nobis.**

Offerens et oblatio, **miserere nobis.**

Spiritualis dulcedo in proprio fonte degustata, **miserere nobis.**

Refectio animarum sanctarum, **miserere nobis.**

Viaticum in Domino morientium, **miserere nobis.**

Pignus futurae gloriae, **miserere nobis.**

Propitius esto, **parce nobis, Domine.**

Propitius esto, **exaudi nos, Domine.**

Ab indigna Corporis et Sanguinis tui susceptione, **libera nos, Domine.**

A concupiscentia carnis, **libera nos, Domine.**

A concupiscentia oculorum, **libera nos, Domine.**

A superbia vitae, **libera nos, Domine.**

Ab omni peccandi occasione, **libera nos, Domine.**

Per desiderium illud, quo hoc Pascha cum discipulis manducare desiderasti, **libera nos, Domine.**

Per summam humilitatem, qui discipulorum pedes lavisti, **libera nos, Domine.**

Per ardentissimam caritatem, qua hoc divinum Sacramentum instituisti, **libera nos, Domine.**

Per Sanguinem tuum pretiosum, quem nobis in altari reliquisti, **libera nos, Domine.**

Per quinque vulnera huius tui Corporis sacratissimi, quod pro nobis suscepisti, **libera nos, Domine.**

Peccatores, **te rogamus, audi nos.**

Ut in nobis fidem, reverentiam et devotionem erga hoc admirabile Sacramentum augere et conservare digneris, **te rogamus, audi nos.**

Ut ad frequentem usum Eucharistiae per veram peccatorum confessionem nos perducere digneris, **te rogamus, audi nos.**

Ut nos ab omni haeresi, perfidia ac cordis caecitate liberare digneris, **te rogamus, audi nos.**

Ut sanctissimi huius Sacramenti pretiosos et caelestes fructus nobis impertiri digneris, **te rogamus, audi nos.**

Ut in hora mortis nostrae hoc caelesti viatico nos confortare et munire digneris, **te**

rogamus, audi nos.

Fili Dei, **te rogamus, audi nos.**

Agnus Dei, qui tollis peccata mundi, **parce nobis, Domine.**
Agnus Dei, qui tollis peccata mundi, **exaudi nos, Domine.**
Agnus Dei, qui tollis peccata mundi, **miserere nobis, Domine.**

Christe, audi nos. **Christe, audi nos.**
Christe, exaudi nos. **Christe, exaudi nos.**

Kyrie, eleison. **Kyrie, eleison.**
Christe, eleison. **Christe, eleison.**
Kyrie, eleison. **Kyrie, eleison.**

〔Pater noster ...   Ave Maria, ...〕

Panem de caelo praestitisti eis, (T. P. Alleluia)
Omne delectamentum in se habentem. **(T. P. Alleluia)**

Oremus;
Deus, qui nobis sub Sacramento mirabili
Passionis tuae memoriam reliquisti;
tribue quaesumus,
ita nos Corporis et Sanguinis tui sacra mysteria venerari,
ut redemptionis tuae fructum in nobis iugiter sentiamus.
Qui vivis et regnas in saecula saeculorum.
Amen.

（試訳）

キリエ・エレイソン（主よ、憐れみたまえ）
クリステ・エレイソン（キリスト、憐れみたまえ）
キリエ・エレイソン（主よ、憐れみたまえ）

キリスト、我らの祈りを聞きたまえ
キリスト、我らの祈りを聞き入れたまえ

神である天の父
神である御子　世の救い主
神である聖霊
唯一の神　聖三位一体

キリエ・エレイソン
クリステ・エレイソン
キリエ・エレイソン
（定型句の数は、「抄物」と異なる）

キリスト、我らの祈りを聞きたまえ
キリスト、我らの祈りを聞き入れたまえ

あわれんでください（以下同じ）

天からくだった　生きたパン
救い主　隠れておられる神
選ばれた者の小麦
貞潔を芽生えさせる　ぶどう酒
王たちの楽しみ　豊かなパン
絶えることのない　いけにえ
清らかな　ささげもの
けがれのない子羊
もっとも清らかな食卓（「抄物」では異なる）
天使の食物
（力と徳の）隠れるマンナ
神の驚くべき記念
あらゆる物質を超えるパン
私たちのうちに住まわれる　肉となられた御言葉
聖なるホスチア

祝福のカリス
信仰の神秘
すぐれた敬うべき秘跡　　　　　　　　　　（「抄物」では、この一行は欠落）
至聖なる犠牲　　　　　　　　　　　　（「抄物」では、「れさきりひいしうん＝犠牲」のみ記載）
生者と死者の贖罪の真の犠牲　　　　　（「抄物」では、「れさきりひいしうん＝犠牲」の記載なし）
罪から守る天の薬
全奇跡を超える驚異
主の受難の至聖なる形見
すべてにまさる尊い贈り物
神の愛の特別な記念
あふれ出る神の豊かさ
もっとも神聖で崇高な神秘
不死の薬
おそれと命を与える秘跡
御言葉の全能によって　肉となったパン

流血のない犠牲
食事を共にし、食べ物となってくださる方
天使が給仕し、心を満たす会食
（「抄物」の平仮名はここまで。以下、その続き）
心を寄せる愛の秘跡
愛のきずな
自らが捧げものとなって、それを捧げてくださる方
泉から味わう内的な快《こころよ》さ
聖なる人々の食事
主のうちに死にゆく者の最期の糧
将来の栄光の保証

いつくしみ深くあってください
主よ、おゆるしください
いつくしみ深くあってください
主よ、祈りを聞き入れてください

あなたの御体と御血のふさわしくない拝領から
主よ、お救いください（以下同じ）

肉欲から
目の欲から
生活のおごりから
あらゆる罪の機会から
この過越の食事を、弟子と共にしようとされた、そのお望みによって
弟子の足を洗われた深い謙遜によって
この神聖な秘跡を制定された激しく燃える愛によって
私たちのために祭壇に残された、あなたの尊い御血によって
至聖なる、あなたの体が私たちのために受けた五つの傷によって

罪びとの私たちは　　　**あなたに祈ります　お聞きください**（以下同じ）

私たちの中に、このすばらしい秘跡への信仰、うやまい、献身の思いをはぐくみ、
　保つようにしてください
罪の真実の告白によって、エウカリスチアに度々あずかるよう、導いてください

あらゆる異端、不忠実、内的盲目から、お守りください
この至聖なる秘跡の、尊い天の実りに、あずからせてください
死をむかえるときに、この天の最期の糧で力づけ、守ってください

神の御子　**あなたに祈ります　お聞きください**

世の罪を除きたもう神の子羊　**主よ、我らをゆるしたまえ**
世の罪を除きたもう神の子羊　**主よ、我らの祈りを聞き入れたまえ**
世の罪を除きたもう神の子羊　**主よ、我らをあわれみたまえ**

キリスト、我らの祈りを聞きたまえ　**キリスト、我らの祈りを聞きたまえ**
キリスト、我らの祈りを聞き入れたまえ　**キリスト、我らの祈りを聞き入れたまえ**

キリエ・エレイソン（主よ、憐れみたまえ）　**キリエ・エレイソン**
クリステ・エレイソン（キリスト、憐れみたまえ）　**クリステ・エレイソン**

キリエ・エレイソン（主よ、憐れみたまえ）　**キリエ・エレイソン**

「主の祈り」「アヴェ・マリアの祈り」（全文唱える）

天のパンで、彼らを養われました。（復活節のとき　アレルヤを加える）

そこには、あらゆる無上の喜びがあります。（同上）

祈りましょう。（司式者、以下も）

神よ、あなたはすばらしい秘跡の御受難の記念を、私たちに残されました。どうか、このように、あなたの肉と血の聖なる神秘を敬《うやま》わせてください。そして、あなたの贖《あがな》いの実りを、私たちが絶えず自分の中に感じ取ることができますように。世々に生き、支配しておられる方によって。

アーメン。（会衆）

5. 祈りと黙想の手引き

伝統的な黙想テーマの四終（死、審判、地獄、天国）やその他のテーマが、多くのページにわたって書かれています。一週間は「一七日《いっしちにち》」と呼ばれ、当時このような黙想の形が、定型としてあったことがわかっています。当時のイエズス会の方針によって、教会用語などは日本語になじみやすいポルトガル語の発音で記載されており、他から引用した部分や日本人向けの説明を加筆している部分も見られるそうです（以下は、簡単な内容の説明です。全文の訳は第二部に載せています）。

・「一七日にわくる最初のめぢさんの七カ条」一週間の最初の黙想の七か条

第一　月曜日（自己の振り返り、罪について）

第二　火曜日（人生の不幸と偽りについて）

第三　水曜日（死について）
第四　木曜日（審判について）
第五　金曜日（地獄について）
第六　土曜日（天国について）
第七　日曜日（天の恩恵について）
この一週間の黙想について

・**「願念の本《もと》」**
キリシタンの観念は、御影（絵）に向かってロザリオをつまぐり、おらしよ（祈祷文）を言うことではなく、ただ観念すべき題目を……と説明から始まっています。

・**「くわん（観）念の条々」**　天の恩恵についての黙想。

・**「ころきよ」**　天地の主へ恵みを願う祈り。

・**「同さんたまりやへ」**　聖マリアに助けを求める祈り。

・**「しするのくわん念」**　死についての黙想。

・**「あへまりやの時の願念　貴きさんたまりやの御上をくわんする也」**
「三月二五日のたそがれ時にさんがびりゑるあんしよ……」と、天使聖ガブリエルの名前も記して、聖マリアへの「お告げ」の出来事が描写されています。最後に「アヴェ・マリア」を言って黙想するように、と書かれています。

・**「ゑさめ之事」**
良心の糾明の方法と具体的な祈り。「我が身の科《とが》（罪）は、空の星の数よりも、なお余りある……」。最後に「ころきよとは、我が心のうちにある事を、ことばにつづりて申し上げる事なり」と書かれています。

・**「御たゝしのくわん念」**

糾明について。「善人には、はらいそ（天国）の楽しみ、悪人には、ゐんへるの（地獄）の苦しみを与え……」と書かれています。最後の部分は失われてしまったようです。

6．おわりに

一六世紀、宣教師たちによってキリスト教がもたらされた頃、多くの信者が生まれ、日本の教会は大きく成長していきました。もっとよく知ろうと熱心に学びながら、ミサにあずかり、聖体を賛美し、日々、慈善の業《わざ》に励み、黙想していた様子が、この「手帳」から伝わってきます。

その後、外国人宣教師も日本人司祭も追放され、殉教していく中で、信徒たちは「聖体」や「ゆるしの秘跡」にあずかることはできなくなりました。しかし、「完全な痛悔」によって、ゆるしていただけると信じ、神の恵みを求め続けました。そして、宣教師や先祖たちが残した聖画や聖具を信仰の糧《かて》として拝み、教会の教えや暦とともに、大切に次世代へ伝えようと努めました。

長い迫害時代、同じ言葉を繰り返す単純なロザリオの祈りが残りました。繰り返し、代々祈りましたが、意味も言葉も理解できなくなっていきました。しかし、神の恵みは変わることがありません。心は深いところで、目には見えない時空を超えた教会の祈りに結ばれていたことでしょう。

［付記］本稿は、「聖母の騎士」誌（二〇一六年）に掲載されたものです。収録にあたり、一部変更いたしました。執筆に際して貴重な資料をお貸しくださった東満理亜様、また、ご助言いただいた白石良様、デ・ルカ・レンゾ神父様に感謝いたします。

第二部

読む前に

・二〇一六年一二月に、白石良氏が完成された読み下し文を、その語注と現代語訳を参考にしながら意訳しました。

・「DS」「Pe」「b+a」などの特殊な合字は訳語を太字で表記しました。外来語などは元の言葉をカタカナで付記しました。
ただし、「イエス・キリスト（ゼズキリシト）」とすると読みにくくなるので、「イエス・キリスト」だけにしました。

「アニマ」は多用されているため、「霊魂（アニマ）」とせずに、太字の「**霊魂**」に置き換えました。

・神を意味する「デウス」は、キリシタン時代にこだわりを持って用いられた言葉なので、カタカナに改めるだけにしました。「観ずる」と「観念」は、現在用いられる「黙想」と訳すとかえって分かりにくくなるので、そのままにしました。

・横文字の直訳、あるいは漢文調のまわりくどい言い回しは、平易な日本語に改めました。多用されている敬語や平仮名は大変読みづらいので、今の日本語表記に近づけました。原文に見られる表記の乱れは、そのまま残すようにしました。「アシヨ」「アジヨ」などの表記の不統一はそのためです。□は判読できない文字、「……」は判読、解読できない部分とその前後の文字です。

・「七つの罪源」「慈善のわざ」などは、公式に『カトリック教会のカテキズム要約』で現在用いられている言葉に訳しました。

・もともと四百年以上も前のカトリック信者が対象であるため、全体に理解することが難しいと感じました。

たとえば、「慈善のわざ」には七つの「身体的な慈善のわざ」と七つの「精神的な慈善のわざ」があり、今もカトリック教会はおこなうよう勧めています。その一方で、苦行の「鞭打ち」のように、しなくなったものもあります。紙面の都合上、それらの説明は加えませんでした。

一般の人向きの解説書や信者向きの教理書、全世界共通の『カトリック教会のカテキズム』とその要約版などをご覧ください。「聖イグナチオの霊操」の解説付き訳本も、合わせてご参照ください。

なお、適宜、文中に聖書の参照箇所を挿入しました。

一週間に分ける最初の黙想（メヂサン）の七カ条

第一　月曜日（セクンドヘリア）

まず初日には、自分の犯した罪を思い出す。そして、自分について知る方法を考える。重い罪を思い出して、デウス御一体のほかに良いものが自分にないことを理解する。それは、すなわち諸善のはじまり、へりくだりである。善事を求める「観念」なのである。

第一。過去を思い返し、犯した多くの罪を思い出す。特にデウスのことをまだ知らなかった頃の行動を調べ、明らかにしてみると、まことに自分の罪は、砂を数えるよりもなお多いだろう。「十戒（マダメント）」や「七つの罪源」を一つひとつ分けて自分を「観」ると、思い、言葉、おこないによって上の七つのうち、犯さなかった罪が一つもないということはあり得ない。

第二。天の王である神から、これまでいただいた御恩の数々と、過ぎた年月を合わせて振り返り、思い巡らす。その際、それらのお預かりしている御恩は、いずれも決済すべきものなので、どう使い、何に役立てたかと考えるのだ。

長い時間を何に役立てたか。自分が子どもだった頃に、どのような善事を修行し、その後、歳の盛りが過ぎゆくまで、この一度限りの命の時間を何のために使ったか。身体の知覚器官（眼耳鼻舌身）と精神（アニマ）に授かった記憶力（メモフリヤ）、知性（エンテンヂメント）、意志（オンタデ）の三つをどのようなことに使ったか。これはデウスを認めて、御奉公するためにくださった道具ではないのか。

私の目は、見なくてもいい現世のこと以外、何を見たか。耳は偽り以外、何を聞いたか。口では人をそしり、恨んで、悪口雑言し、またその他を語り、そして味わうこと、嗅ぐこと、触れることも、ことごとく皆、利己的な醜愛や、反逆の邪悪な考え以外に、どんなことをして諸善の徳を得たのか。

当初から、はかり知れないほどいただき、私の心の底に次々と、天の王より示し、下されたものを、どう受け取り、どう従ったのか。与えてくださった無病息災、知恵、すぐれた精神力、身体能力、その他、生まれつきの才能、また他より与えられた位《くらい》、財宝などを何に用いたか。善事を修行するための時間に、何を言い、約束したか。私たちに預けてくださった給与をどう管理したか（マタイ25章やルカ19章など参照）。

「慈善のわざ」の箇条をどれだけ実行したか。

「時が来た。お前は今からのち、役目をあずかることがあってはならない。預けた分を決済せよ」とのお定めが下る時は、どう申し上げるのだろうか。実際、一生の年月や時間の審判という最終段階に至ると、どのように答えるのか。

まことに、終わりのない火中に入れられて、焼かれる枯木となるだけだと考えよ。

第三。デウスのことをたえずわきまえ、尊敬いたすために、心の目が少し開けてから犯した多くの罪をよくよく考えると、古い悪念や悪癖が無くならないために起こることばかりだろう。

デウスに対して狼藉、怠慢、無礼なことが多い。御恩の大変厚いことも知らず、感謝せず、傍若無人な心でいる。だから、勧めてくださる機会に接しては、いかにもひねくれ者となって素直にお受けしない。御奉公中に、心勇むことがない。たまたまおこなう動作も機敏でない。心がけも清くなく、まっすぐでない。ただ世間も、神の道徳（エトカ）に背かせるのみだ。

他人に対して無慈悲な行動をとり、自己愛が強いので、よい評判の少なさを嘆き、血縁者をかわいがる。邪悪、高慢、貪欲の心が深い。恨んで激しく憤り、物事に腹を立て、人に嫉妬し、根っからの意地悪で、勝手気ままにしている。万事に変わりやすく、落ち着かず、軽々として、無関係なことへの執着心が強い。娯楽、宴会、遊戯に身をまかせて笑い、雑談にくたびれては散会する。たまたま決心した善事も、おこなうことがなかなか無い。吐く言葉に考えはなく、行動はものぐさだ。他の益となることをしようとはせず、万一、勤行《ごんぎょう》するとしても、未練がましくやり始める。

これらをよく理解するのだ。


第四。罪の数々をよく思い出したのち、重い罪を「観」る。そのために、次の三つをよく理解する。

一つには、どの御方に対して犯した罪かということ。

二つには、誰のためにした結果の罪なのか。

三つには、どのような原因があったのか。

まず、誰に対しての罪かと考えると、すなわちデウスに対する狼藉である。しかも諸善、万徳、広大無辺の御威光が充満する源《みなもと》であるために、私たちに与えてくださる恩賞の、その多さや慈悲深さは、浜の砂にもたとえがたい。それなのに、何の理由で、狼藉を働いたのかと問うと、わずかな外聞や、身体のつまらない好色、愛着か、あるいは、いやしい身びいきを優先するためだ。それだけでなく、デウスの御手をなんとも思わない、隙だらけだから、「大罪」が多い。

その罪をなぜ犯したのかと考えてみると、いかにも軽く、軽々と畏《おそ》れ、はばかることもなく、恥も知らず、デウスのことを木や石のように見なし、「少しもお聞きにならない」とでも言うかのような図太い企てのためだ。その罪を犯すのも、したい放題だ。

それにしても、はかり知れない永遠の御あるじに、無礼を働くものだなあ。よくもまあ、厚い恩の御礼をこのように、お返しするものだなあ。十字架（クルス）で流された御血の御恩をこのように、お返しするとはなあ。

私のために受け、こらえてくださった数千の鞭打ち、やさしい御顔を打たれたこと等をそのように忘却するのか。あさましいことに、失った善もわきまえず、求めた害も知らず、ああ、哀れな者よ。

自分自身を失いながら、それも知らずに、歳月を終わるだけだと、「観」なさい。

ここで、自分を省みる。もともと自分には罪以外に、何もないことを完全に理解し、罪以外に持っているものがあるなら、それは皆、デウスからいただいたものと考えるのだ。なぜなら、財産をはじめとして、生まれた時から持っているものは、言うまでもなくデウスがつくられたもので、自分のものは一つもなく、恵み（ガラサ）の善事も授かったもので、それ以外にないからだ。そして、善の道に召し出されることも、善事を熟慮して実行する力の恵み（ガラサ）も、その善に届くことも、また天へ上げていただいて喜びに入るとしても、授けてくださった方のもの以外にないからだ。私にあるのは、ただ罪だけ。それなのに、どうして高慢になれるだろう。

もともと、自分が何一つ持たないところに、しばらく心をとめ……「わずかでも持っているものは皆、デウスの財産である。自分のものではない」とわきまえる。自分の思うままにならないところと、デウスがすべてに溢れる豊かな源《みなもと》であることを思い、これに加えて、自分を頼りにしないこと。そして、デウスを深く信頼して待ち、愛し（大切に）うやまう、その心を得るようにする。

右のそれぞれの教理を「観念」し、謙遜な心を求めるのだ。言うまでもなく、私には善の力もなければ、じっと落ち着くところもない。ただ風になびく実もない笹や、藁《わら》のように、罪深い霊魂の情けない姿は、死んで四日になるラザロの死骸のように腐り、ただれ、虫があふれて湧き上がり、行きかう者が皆、目や鼻をふさぐほどの臭気がする（ヨハネ11章参照）。

だから、ましてデウスの御前の、すべての天使（アンジョ）と聖人の御前に交わらせていただける身ではないとわきまえ、目を天に上げるような価値さえないのだから、何事もあつかましく自分のものとしない。つくられたすべてが、私に使われることは不思議なのだ。ただ、食物や財産をどれもこれも無いものと見なして、風までも、おそろしいと思うようにするのだ。

それから、御あるじイエス・キリストの足元にひれ伏し、つつしんで落ちる涙で顔を隠し、非常に深く恥じ入り、畏《おそ》れ申し上げる。そして心の奥底から後悔して、御ゆるしを求める詫《わ》びごとをたずさえ、「罪の重荷から解放してください」と乞い願いなさい。「限りなく広い、あわれみによって、再び召し直してください」と天を仰ぎ、地に伏して、お頼みするのだ。

火曜日（テルシヤへリア）

二日には、人間の一生の難儀の多い世界が、むなしいことを「観」よ。これほど、はかない浮世を捨てる心を求めることが肝心である。それで、この世の苦難を数えることに真の悟りはなくとも、特に、七カ条を「観」ようとするのである。

第一。この世が短く、長く続かないところを「観念」する。なぜなら、長寿といっても、わずか六十や七十、しいて言っても到底、八十歳には及ばないからだ。もし、それ以上に望むなら、ダビデ（タビツ）が言われたように辛労が満ちるだけだから、もう命と呼べまい（詩編90の10か）。また、そのうち、知っている友は、ただの動物のようで、自分の身の上さえ分からないありさまだから、人の命とは言えない。わずかに残る余生も、一日の半分は寝て過ごす時間だから、行動らしきものもなく、無念無想で、明かりのない中を生きるだけである。残る時間は、いちいち数える程もなく、長い世の終わりのないことに比べれば、ただ夢や幻のよう、一瞬の時としか言えない。

このように短いのだから、その命に、無限の命に等しい長さを求める者たちが愚かで哀れなことは、言葉で述べるまでもない。

第二。余命が足りないことを「観」よ。すでに明らかにしたように、人生が短く険しい上に、なおいっそう、はかないことには、ごくわずかな時でさえも、まったく定まっておらず、今日があっても、明日があるか分からず、朝に会っても、夕べに会えるか分からない。寿命は七、八十年と言っても、そこまで生き長らえる者が幾人いるだろう。

もう一つ、むなしいことがある。クモが網を張り始めても、中心に到達する前に破られることが多い。それと同様に、成人に達する前に草木のように次々、消えて無くなってしまう。その数も分からない。

イエス・キリストの言葉に「お前の主人が帰って来るのは、夕方か、真夜中か、それとも鶏の鳴く時か。その時刻を知らない」とある（マルコ13章35節参照）。

このことをよく理解するために、大勢に囲まれた人、あるいは世に名高い人が今、死んでしまった様子を思い起こして「観」る。実際、死は突然、予期しないときに訪れるので、ただ数人が葬式に参列しただけで、月日が移り過ぎ、その計画していたことは皆、人々の嘲《あざけ》りとなって終わってしまう。

第三。この、か弱く、もろい体と命を「観」る。どんなに薄くて軽い素焼きの器と比べても、命ほど危ういものはない。なぜなら、歳の盛りには、無病息災、器量、活力を欲しいままに、自然の法則を欺くばかりの花盛りであっても、少し風邪を引いて病気になるか、あるいは日に照らされて、ほんの少し水をかぶるか、病人の気にむせて、患って死滅する者が多く見受けられるからである。

第四。生き長らえているうちにも確かだったことが、まれにすべて変わることを「観」よ。ひとりの人にとって、物事が移ろいやすく変化することは、風に従う波に似る。昨日まで思っていた人を、今日は憎み、朝決めたことを、今欺く。そんなことばかりだから、いったい何を頼り、何を頼りにしないのか。名誉、富、領地なども皆、それと同じだ。昨日、大国の君主と仰がれた貴人も、今日は流浪して、人の下人となることもある。栄華を極めた人が、乞食になってしまうこともある。

命の移り変わることをよく考えてみると、ひとときの命でさえも保持できずに、朽ちてしまうものだ。たとえば、ともし火が輝くほど減るのに似る。まことに、朝に開き、昼にしぼみ、暮れに散り乱れる花のようだ。このように変わりゆくところを指して、イザヤ（イザイヤス）の言葉に「肉なる者は、山野の草。その楽しみは花のようだ」と（イザヤ40章6節とその引用文の一ペトロ1章24節参照）。

これについて、聖ヒエロニムス（サンセロウニモ）の言葉に、次のようにある。

「人間のむなしいことに目をやると、一瞬のときも栄えるか、衰えるかのどちらかだ。この二つしか、手にするものはない。重要なことを言っている間に、私は今、次第に衰える。実に、このからだは山野の千草に似て、その楽しみは花である。」

非常に明解だ。

今まで乳房をくわえていた子どもが、見る間に立って歩き、今日歩み始めたと思うと、はや歳盛りになり、若いと見ていると、すでに老人だ。もう成人するなあと思う前に、はや老齢に達していて、それには驚くものだ。身分の高い人から低い人まで、万人から慕われていた見目麗しい女性も、額に皺をきざむので、これまで恋心を抱いていた人までもが見苦しく思い、遠ざかってしまうものだ。

第五。この人生は偽りが多く、欺くことばかりである。それを見よ。なぜかというと、欺くことが多いために、厭《いと》うべき世をかえって慕うのは、悪事の中の悪事と耳にするからだ。毒味でありながら甘草と思い、苦悩をかえって面白いと感じ、嫌って捨てるべきものをなお懐かしむ。これほどまで危ういことが充満しても、やはり人目には栄華安楽のみと思われ、それればかりか、終わることのない命と思い違えて、これを眺め、長い世を捨て、短いこの世を慕う。まことに、偽りの世界ではないのか。

第六。この命が定めなく、むなしいことは言うに及ばず、わずかに命があっても、くつろぐ暇は少しもなく、心身ともにわずらい、くたびれ、絶え間なくひどい苦しみを経験する。まことに落涙の谷底、波風激しき大南海である。

聖ヒエロニムス（サンゼロウニモ）が記録された物語にこうある。

「〔ペルシャの〕クセルクセス（セルセス）と申す一代の名君、弓矢の誉れ高い帝王で、山岳を平地とし、大海を埋め上げた。御威勢が盛んだった時、幾千万とも分からない軍勢を召し集め、ある大山のふもとに一夜の陣を敷き、ご自身はその大山の峰に上がった。そして、ふもとの、おびただしい猛勢諸軍をご覧になって、涙にむせてしまわれた。その時、お仕えの者がおそばに近づき、『さて、これは、どうしたことでございますか』と申し上げると、帝王は仰せになった。『見渡す限りのこの軍勢幾万、今は、盛りの者どもは、百年に達する前に一人も残ることがない。』」こう、御言葉があったそうだ。

これについて、聖ヒエロニムス（サンゼロウニモ）は次のように記した。

「さあ、世界の国を今、一目に見渡すところだ。山頂にのぼって、しばらく心をとどめ、そのありさまを眺めよう。人が人を滅ぼし、国によって国が滅ぼされ、あるいは苦しめ、あるいは失い、あるいは大海に落ちるか、剣で攻められる。ここでは歓喜し、あそこでは悲嘆し、ここでは栄え、あそこでは苦しみ、ここでは誇り、あそこでは衰える。物語に登場するクセルクセス（セルセス）のこの嘆きに限らず、世界の人間は皆、入れ替わり、少しの年月のうちに前にいた者は、一人もいなくなり、死んでしまう。」

わずか五尺（約一五〇センチ）の身体の中に、数も分からないほど、多くの種類の難病がある。辛労難苦に接することが千万とあり、それらから身を避ける方法もない。心を悩ませ、思うようにいかないことが、上お一人から、下は万民に至るまである。いかなる位《くらい》、資産、諸芸、諸能に恵まれた者であっても、人それぞれに相応して安定していることは一つもなく、危ういことが数多い。元来、老いも若きも、いかなる年齢であっても安定せず、難儀、困難、心配、八苦の絆のいずれかが増すものだ。これをよく考える。そして、むなしい悪の世界を嫌って避けるように心がけることが重要だ。

なお死を迎える時、**霊魂**には、身体が最大の苦しみだ。身体にとってつらい状況の中で、すべてを取り離して、**霊魂**は不滅のからだに収まる決定を待つ。

ここでは、「過去の栄華に満ちた生涯を、なんと、むなしく終わることか。はかないなあ」と思いを断ち切り、今もまだ執着して、捨てかねていることを情けないと思い知るのだ。

水曜日（クワルタヘリヤ）

三日には、「死」について「観」る。これは真実の知恵に入るため、罪を逃れるため、そして、審判（ジユイソ）の御糾明と御判決に今、備えておくために必要な「観念」である。

第一。まず、その時刻が何時と言える定めを知らない。意外に、自分が必ず死ぬと分かっていない。それで、思いも寄らず、覚悟する間もなく、死を迎えることが多い。

第二。死ぬ時の別れを「観」る。この別れは、地上で大切に思うものから離れるだけでなく、長年深く大切に思ってきた自分の身体からも離別して行くことだ。

住み慣れた故郷を追放される際、秘蔵する物を携帯してでさえ、流罪になると言って、憂い悲しむことが甚《はなは》だしい。まして、親や子、愛する祖国や故郷、家や財宝など、すべてに別れ行く心境はどうであろう。たとえば、二頭の連れだった牛に鋤《すき》を引かせると、鳴き声を出し合って行く。まして生きている間、多くの年月を共に過ごし、深く結ばれた身体に離別しなければならないのだ。どれほどの執着だろうか。

その上、今、深い痛みをおぼえるのは、身の行く先を書き出すことだろう。身体の行く先としては、過去の亡者の、数多くの死骸を埋めておいた、その塚近くの六尺（約一八〇センチ）程の穴より他に住むところがないだろう。これはどうにもならない。一方、霊魂の行き先はどうであろうか。無数の苦しみか、終わりのない楽しみが確かにあると知り、今はその決定的な境目なのだが、自分がどちらへ落ち着くか、まだ分からない。この不安はどうだろう。人には、ここにまた一つの大きな苦悩がある。

現実に心をさいなむのは、審判への恐れだろう。その恐れが激しいので、善意の人であっても、これは大変な黙想の主題だ。

山谷に住み、修行の達者として、その名が知れ渡ったアルセニオス（アルゼニヨ）という隠者がいた。その偉大な善人は、自分の一生がまさに終わろうとする時、ひどく恐れ、並み居る弟子たちは、その顔色に気づいた。

「先生、どうして、それほどまでに恐れていらっしゃるのですか」と問うと、「今になって始まったことではない。存命中、持っていた恐れだ」と返事されたそうだ。

その時になると、過ぎ去った一生の罪が露わになって襲ってくる。まるで数万騎の軍勢が矛先を揃えて向かってくるかのように、とりわけ深い罪ほど、その攻撃は激しい。日頃、心惹かれ、執着していたものほど、かえって今、考えると心苦しく、やるせなく思うものだ。

これらの執着は、まるで飲酒のように味わい良いほど、飲んでは酔い、盃を重ねた後、内臓を替えずにいると、病気になったあげくの果てに正気を失い、結局は身を持ち崩すだけだ。そのように一生飲んで酔った執着の重罪に、最期が迫って、慌てふためく。「これは、思いもしなかった心境だなあ。このように恐ろしい審判があることを、どうして考えなかったのか。過去となってしまった苦しさよ」と思うことも自力では無理だろう。

聖パウロの言葉に「蒔いた種の分だけを収穫することになる」とある（二コリント9章6節参照）。自分の一生の間、血縁者をかわいがり、憎しみの種を蒔いた以上は、腐ったものの他に、どんな実を収穫するのか。**聖ヨハネ**の言葉に、「あの天上、たとえば黄金の屋根を葺いて荘厳にした所では、未熟者は少しもその中に入ることがない」とある（ヨハネ默示録21章27節か)。それなのに、つまらないものを集めて、そのおこないとし、自分の身にまとった者の行方はどうなるのだろう。

死が差し迫ると、福音(エワンセリヨ)に加え、告解(コヌヒサン)と聖体(エウカルスチヤ)の秘跡(サカラメント)によって、お力添えくださるだろう。それぞれに対し、過去に理由もなく煩悩から妨げとなることばかり犯したのを、心の底から由々《ゆゆ》しき事態と思うようにするのだ。その折にわずかな猶予が与えられるなら、力を尽くして、よいことを修行し、今後を改めようと思い立つのだ。その際、**イエス・キリスト**の御名を唱えさせていただこうにもできず、病苦に責められ、くたびれていても、精根を尽くして、なんとかやり遂げなさい。時が来ると、たちまち、病苦はこれ以上ないほどになる。だが、さまざまな痛みや責めを受けることは今、思いも寄らない苦しみではない。これは皆、すでに文字に残されているものだ。胸が咳き上げて詰まり、声がかすかになり、手足が痺れきって、節々がこわばる。鼻が詰まり、目が落ちくぼむ。顔色が死骸の色となり、舌を働かそうとしても言いたいことが言えず、惑ってしまうだけだ。まことに**霊魂**は、攻め出されるやりきれなさに全身と感覚が震え、すぐに力尽き、息も荒くなるだろう。

霊魂の苦しみはいっそう深くなる。一方では、住みかを離れ去る名残《なごり》、他方では、審判への恐れで、その苦しみには際限がない。なぜなら、生まれつき、**霊魂**は身体から出て離れることを好まず、その住みかを名残惜しんで審判を恐れる、そういうものだからである。


霊魂が身体と分かれたのち、その行くべき道は二つある。

一つには、身体が、我が家から、その墓穴まで送られる道のこと。

二つには、落ち着く先が決まって、たどる道のこと。

この二つを合わせて「観」るようにする。


まず身体については、次の事柄を「観」る。

霊魂が立ち去ると共に、これを取り置くために、こしらえる道具や着せる衣装の粗末さ、家に置きかねて早く出そうと嘆くこと。たまたま親しかった者がとむらいに来ても、おざなりにお悔やみを述べて、涙を少し流しただけで静かになり、皆、家から出て、そそくさと去ってしまうこと。それまで、たいそう哀れまれながら死んでも、あとの死骸は埋められた穴にただ一人、いつまでも思い出されることもなく、朽ち果ててしまうこと。

そして、心を集中させて、**霊魂**の行く末を「観」よ。

見慣れない世界へ行き着いて、一大事の判決に臨むために、その御糾明の庭に召し出される（ヨハネ5章29節参照）。すでに御糾明の審判者の御前に立ち、すべての天使（アショ）と**聖人**とともに、その落ち着く先の決定を待つ様子を目前に思い描いて、「観」る。

ここで、生きている間に預かったものに対する裁きがおこなわれ、一つの塵のようなことまで問い詰められるだろう。おこないに対する善悪の判定は言うに及ばず、使った財宝、支配していた一族や家来たち、デウスが心に与えた気づきを、どう役立てたか。いと高き**イエス・キリスト**の高価な御血の功徳から生じる力を、どう請け負い、どう御礼申し上げ、どう奉仕したか。皆、ことごとく御糾明だ。それぞれの審判の場に進み出て、つぶさに、ご報告させていただくのだ。

木曜日（キンタヘリヤ）

四日には、最後の審判（ジユイソセラル）を「観」る。一般にこの黙想は**キリシタン**のために重要である。デウスを畏《おそ》れ、罪を憎む心を、この「観念」によって求める。

第一。審判（シユイソ）の日は、すべての人間の一生のおこないに対する善悪、あらゆる行為などを一度に御決着する日なので、過去、現在、未来を縮めて一日とされる日だ。世界の始めから終わりまで、デウスが抱いておられる御怒りを一度に明らかにされるので、そのおびただしくも恐ろしいことは、どれほどだろう。その様子を「観念」する（コヘレトの言葉12章14節、ヨハネ黙示録20章12〜15節参照）。

第二。この日の到来、そして前触れの恐ろしいしるしの多いことを考える。イエスの言葉にも、「日、月、星、その他、万物にそのしるしが現れるだろう」とある（ルカ21章25節、マタイ24章29節、マルコ13章24と25節参照）。

たとえば、大きな石を起こそうとすると、まず揺り動かすが、そのように大海の波がみなぎり騒ぐ音が地に満ちる。そして、天地が揺れ動き、揺さぶり崩し、山を砕いて、峰が平地となる。空に雷火が乱れ散り、天地は暗闇となるだろう。それで、人間は皆、憂いに沈み、なお来たるべき大苦難に途方に暮れて、痩せ衰え、顔色を失い、死なないうちに、はや死の苦しみを受け、審判（ジユイゾ）のない前から、尋問に対して申し開きできずに伏せる状態になるだろう。おのおの、その身の置き場に思い煩うありさまだから、まして他人のことは言うに及ばず、子は親を離れ、親は子を離し、自分ひとりの扱いさえも尋常でないありさまで、途方に暮れて騒ぐばかりである。

第三。世界が火炎となって燃え上がり、あらゆるものを焼き改め、時を移さず、大天使（アルカンジヨ）の「すべての人間よ、よみがえり、審判（ジユイゾ）に参れ」との御触れの恐ろしい大声が天地に響き、即時によみがえって一つの場所に集まるだろう。さらに恐ろしいのは、尋問に天からくだるのは、はかりなき御威光であられる方だ。そのありさまを「観」る。

ここで御判決、御糾明が厳しいことを考える。イエスの言葉に、「人間をデウスと比べると、正しいことがない。デウスの御糾明と比べると、その膨大な数の項目に一つも、お答えできないだろう」とある（マタイ25章35節以降など参照）。

それなのに、悪人どもは、デウスを相手に弁解を繰り返して、この御糾明の判決に立ち残ろうとするが、どうであろう。あの良心（コンシエンシヤ）に対し、どれほど、ひどく道に外れたことか（使徒言行録24章15と16節参照）。

「何のために、私を卑しめ、私の敵方へ行ったのか。私の写しとして、お前をつくり、信仰（ヒイデス）の光を与え、**キリシタン**をあがなう程までに流した血の滴によって、お前を救い、助け、お前のために断食し、道を歩んで辛労を尽くし、血の汗を流し、人から卑しめられ、なぐられ、悪口雑言、誹謗され、侮られ、顔を打たれ、尋問された。そして、お前のために十字架（クルス）に掛かった。それは、どうしてか」と責め、その証拠として、お掛かりになった十字架（クルス）に手足を打ち付けられた釘痕を見せることは言うに及ばず、傷を露わにされて、おっしゃるだろう。

「この傷を受けたことは、天地、皆の知ることだから、口答えしようにもできないはずだ。流した血の値《あたい》として、買い得た私の身体だ。お前の**霊魂**をいったい、どうしたのか。それほど高い値で受けた**霊魂**をいったい何者の奉公に使ったのか。どれほど狂乱した反逆心を燃やし、どうして喜んで私に仕えることを差し置いて、労苦にふりまわされ、自分の持てる力で奉仕しなかったのか。

幾度も呼んだが答えず、門戸を叩いても目を覚まさず、十字架（クルス）に手を広げても見ようともせず、私の気づかせた約束、または、血を滴らせたことも皆、蔑《さげす》み、卑《いや》しめた。

さあ、天使（アジヨ）たち、私と彼らの間の裁判員となって、これを論議せよ。賞賛されるようなことに、いったい何を残したのか」と。

ここで、罪人らは、何とお答えするのだろうか。

デウスのことをあざけった連中。徳（ヒルツカテス）をそしった輩《やから》、正直を見下した徒党。デウスの掟《おきて》よりも俗世間を拠り所とした者ども。

デウスの声は、なんであろうと聞かない、となってしまった。

心に応じてくださるたびに木や石のようになる連中。授けてくださった掟を皆、違うものに替え、懲らしめ……にも、動じない傍若無人の者。**デウス**が不在であるかのように振る舞い続けて、人としての正しいおこないから外れた者。自分のお気に入り以外は心にかけることのない者ども。

さあ、ここで、何とお答えするのか。

イザヤ（イサイヤス）の言葉に、「これらの連中は、奥より来る御声の苦しみの日に、どうするのか。富んでいるお前たちに、何の益があるか」とある（イザヤ66章6節か）。

第五（省かれたためか「第四」は書写されたページにない）。

御糾明の尋問の後、罪人に対するおびただしい御決着の第一声を聞く時の、耳の奥に響く、あの恐ろしい御言葉を「観」る。

イザヤ（イザイヤス）の言葉に、「御怒りが充満している炉の苦しみは、ものを焼き崩す火炎のようだ」とある（イザヤ42章25節、65章5節、66章15節などか）。どのような火炎か。次の御言葉のように焼くのだろうか。

「呪われた者ども、私から離れ去り、サタン（サタナス）とその天使（アジヨ）のために定めておいた無限の火中へ落ちよ（マタイ25章41節参照）。」

この御言葉は、一つひとつの字面が意味深い。おそれて「観念」させていただく主題である。

まず離別、猶予なし。判決は、留保か確定か。いずれにせよ、万事の上に終わりなきことは、これである。

（ここに用いられている合字二つを「キリシタン」と訳した。『日本思想体系25

キリシタン書『耶蘇書』625頁に記載されたチースリク神父の解説による）

金曜日（セスタヘリア）

五日には、地獄（インヘルノ）の苦しみを「観」る。

この黙想（メヂタサン）は、デウスへの畏《おそ》れと、罪を憎む心をいっそう深く霊魂にとどめるためである。

聖ベルナルド（サンベルナルド）が言われた。

「地獄（インヘルノ）の苦しみには、聖人たちが教えられたように、目に見える形がない」と。

だから、これは、たとえを用いた想像によって「観」るものなのだ。これによって……それがある所は、大地の底の、いかにも深く暗い淵《ふち》の底、あるいは火炎の満ち満ちた深く大きな穴の底と「観」るか。または、いかにも恐ろしく暗い所の、広大で、火炎がしきりに燃え、聞こえるものとしては、苦しみを受ける者と責める者の叫び声、顎を振るわせて泣く声の絶えない所と想像されるだろう。

この悪所では、二種類の苦難を受ける。

一つには、エルセンススと言って、五感に受ける苦痛のこと。

二つには、ヘルタニヨンと言って、離別と、癒《い》えない苦しみのこと。

まず、第一に、**霊魂**の内外の感覚（センチトス）がどれも、一つひとつ、それぞれ当てはまる苦しみを受ける。なぜなら、罪人の連中は、自分の持っているすべての感覚（センチトス）をことごとく用いて、**デウス**に狼藉を働き、その全体を皆、罪の道具にしたのと同じように、一つひとつ、それぞれの苦しみによって、その返報を受けるとの御定めだからだ。

あのところでは、恋慕を含んでいた目は、悪魔の恐ろしさを見せられて苦しみ、いたたまれない。くだらない雑談や偽りを聞いていた耳には偽りが吹きつけ、誹謗悪口を現実のものとし、うめき声を聞くだろう。人を憎み、貪欲へ誘う匂いをこのんだ鼻は、あらゆる悪臭の耐えがたさによって苦しめられ、いろいろな珍しい物をこのみ、美食が好きだった口は、憤怒の傷によって責められ、人をそしって、虚言、雑言等を吐いた舌は、毒味によって責められるだろう。柔らかな肥え太った肌は、イエスの言葉に見えるあの大口の毒、かんからしという大河、火炎の毒熱の中を泳がされる。

最もつらいのは、その場の苦痛をひしと感じ、離れられずに苦しめられることで、記憶（メモウリヤ）は過去の遊山や気晴らしを懐かしんでやりきれず、知性（エンテンヂメント）は待ちかまえる惨事を悟って苦しみ、意志（オンタデ）はデウスに対して憤怒の炎に燃え焦がれ、結局、考えに及ぶような苦しみと、考えも及ばない苦悩が皆一つとなって、そこで受けるだろう。なぜなら、聖グレゴリウス（サンゲレガウリヨ）によると、「そこには耐えがたい寒さもあり、消えない焚き火の熱もある。死ぬことのない苦しみがあり、耐えがたい臭気がある。暗さは夜のようになるだろう。責め手の打擲《ちょうちゃく》、悪魔を見ること、罪の恥ずかしさと無念さ、あらゆる良いものをもう思えない心細さが充満している」と考えられるからだ。

それで、このうちの一つ、わずかな苦難を、少しの間、受けるのでさえ比類なく難儀だろうに、同時に、ことごとく集中して受ける。その長さも、一夜二夜ではなく、百夜でもなく、はかれないほど多く、それも終わりなく受けることを、どう想像し、言葉で言い表すのだろうか。

このようだといっても、これらの苦しみは皆、最大のものではない。さらに、非常に大きい、たとえの無い苦しみもある。これは……と名付けられている。これは、いつまでもデウスを畏《おそ》れることなく離れて拝むことができず、伴《ともな》う栄光（グロウリヤ）を離れ去ることだ。その苦しみが大きいのは、なぜかというと、人が物を失う時、その失った物の値打ちが高いほど、苦しみもまた大きいからだ。そのため、あらゆる諸善万徳がこもる御体を失うのは、あらゆる苦しみの上の苦しみだろう。

これらの八つは皆、同じように諸罪人があまねく受ける苦しみだ。この他に各自、受ける罪が十八、細かく分けて受ける苦しみがある。高慢に対する苦しみがある。嫉妬に対する苦しみもある。貪欲に対する苦しみもある。淫乱に対する苦しみもある。皆、これと同様だ。

この他に、過去の強欲の秤《はかり》によって、苦しみをはかり与えられ、自慢や威厳の秤によって、恥ずかしさや無念さを与えられ、衣装の綺麗さや風流さの分量によって、裸のところへ苦痛をはかり与えられ、珍味への膨満の罪によって、飢渇の責め苦をはかり与えられるだろう。

これらの苦しみ……終わりなく、これを受けるとのことだ。この苦しみは一体の関係のものである。

右の数々の苦しみは、終わりがあるなら堪《こら》え得る。その理由は、わずかなものに大きいと言えることがないからだ。しかし、終わらず、軽くならず、下がらず、減りもしない苦しみを与えられて、身体は消耗し、つぶれそうになるだろう。手段を選《よ》り好みすることもない。時間を重ねても終わらない。そう思い巡らすことに心をとどめて「観」るなら、納得したことも消え失せるほどだ。


この報《むく》われない不幸な罪人どもは、イエスに対し、悪意が深く、憎悪からの憤りが耐えがたくある。だから、こうなる。そして、悪口雑言を吐く。

「悪くつくったデウス。不幸な死を与えたデウス。消え失せてしまう悔しさよ。隣人（ポロシモ）を放っておいた無念さよ。……打擲《ちょうちゃく》を与えられ、自由自在も絶えてしまった悔しさよ。

広大な知恵も、もう無縁だから消え失せよ。どんなわずかな過ちも重ねることなく、知恵もかなわず、正義（ジユスチイシヤ）も、はかなく消え失せよ。無くならない悪のせいで、終わらない苦しみを与えられる、この私たちのために、何の益もない十字架（クルス）も消え失せよ。正義（ジユスチイシヤ）の矢を下手に与え、あの十字架（クルス）において流された血も……も消え失せよ。

デウスの御母が、他の人には憐《あわ》れみをお与えになっても、私だけに対しては無慈悲なこと、それに、天のすべての**聖人**たちが皆、この恐ろしい私のなり果てた姿を喜ばしく思うことの無念さよ」と。

こうして絶え間なく、夜昼の隔てなく時を重ねて、未来永劫、悪い言葉を吐き、苦しむのだろう。

土曜日（サバト）

六日には、天国（ハライソ）の至福（ベナヘンツランサ）の栄光（グラウリヤ）を「観」る。いよいよ、この世を厭《いと》い、あの楽しみを望む心を起こすためである。この「観念」には黙想箇所が多いが、特に次の五つを「観」る。
一つには、場所柄が優れていること。
二つには、一緒にいる人の勇ましいこと。
三つには、デウスを拝み申し上げること。
四つには、この世の身体の栄光（グラウリヤ）のこと。
五つには、あらゆる吉事を極めること。
以上である。

まず、第一に場所柄が優れているとは、広大無辺のことだ。その形について、多くの識者や学者の話を聞くと、空の星一つが、一つの世界よりも大きいそうだ。また、その星のうちには、あまりにも大きくて、地の大きさの九十倍以上になるものもあると言う。しかし、天を眺めると、星の数が多いので、幾千万と見分ける方法がない。また、それらの星のない隙間も多いが、この隙間にも、さらに多くの星を並べ置くことができるだろう。こう考えると、その広さは驚嘆する以上だ。さらに、その天の上の、あの所が、広々万々である様子は、まことに言葉を失うほどだ。まして、これを御つくりになった御方が、広大無辺であられる御主なのだから、なおさら言語に絶する。

その上、あの所が非常に美しく、すばらしいことに、どうして思いや言葉が及ぶだろう。こうして私たちが今いる流浪の世界、この涙の谷においても、言葉では言い表しようのない、美しく、すばらしいものをつくり置きくださることが多いのだから、ましてや、あの栄光（グラウリヤ）の高台、広大無辺の御威光の御所、御威光をあらわす高殿楼閣、選び出していただいた方々の住まい、あらゆる栄華を揃えてくださる天国（ハライソ）においては、なおさらだろう。

次に、あの所の信仰者の方々が、非常に気高いことを「観」させていただく（一コリント15章43節参照）。その数が多く善徳にひいで、満ち足りた幸福の大きいことに、思いも言葉も及ばない。その、**キリシタンのイエス**の言葉に、「選び出される人々が輝く時は……」と（マルコ12章25節か）。そして、ある人の言葉に、「天使（アジヨ）の数が多いこと、世界のあらゆる身体……には、その例がない」とある。

その聖人（サンチヨフジヨ）が、言葉を尽くして述べている。

「たとえば、天は、地にたとえようもないほど広大であるように、あの御威光の気高き霊（スピリツ）は、この世の身体の総数より、はるかに多い」と（ヨブ25章3節か）。

驚きを絶する話だ。よく考えて、これを思いはかるならば、すべての人間が驚くような内容だ。あのすべての体の中に、第一に不死のからだ。天と全世界のあらゆる、すばらしいものを集め持ち、たとえも及ばないほど静まり、麗《うるわ》しく、厳《おごそ》かな美しさだろう。まして、いっそう際立って立派な霊（スピリッ）は、その数も見当がつかないほどだが、その一つの体に完全性（ペルペイサン）がことごとく備わっていること、それぞれの役割が様々なこと、天の使い（アンジヨ）の数……の名、それぞれに、おびただしく……の御所作を……、どうであろうか。

では、この世において、善良で美しい人たちが集うのでさえ快《こころよ》いのに、ましてや、数多くの善人が親しく睦まじく、互いに語り合っておられるのは、どうだろう。その上、**使徒**や**弟子**たちが語ってくださった**聖人**等と交わり、すべての殉教者（マルチル）たちにお会いし、その他、選ばれた側近の方々にお目にかかるのは、どのようなのだろうか。

過去の……古い人と親しく集い……喜ばしく……まして、あの月や星とたたえ仰ぎ見る御あるじ、月や日も、そのすばらしさに途方に暮れて、すべての天使（アンジヨ）も膝を折って屈み、すべての霊（スピリッ）が頭をうなだれて拝み申し上げる御あるじを親しく拝ませていただく心中は、どう思うのだろうか。

すべての善、あらゆるよいものをお含みになる御からだを見せていただくのは、どのようだろう。……の世界も、御一体にこもる、その御一体の世界をお見せくださる。これは、いったい、何だろうか。万事に存在しておられながら、ご自身は一つの体であり、しかも御主人でありながら、全種類の完全性（ヘルヘイサン）を内包する一つの体をお見せくださるのだ。いったい、どのようだろうか。

それほどの様子は、たとえば帝王ソロモン（サラマン）を目にしてでさえ幸せであるだろうに、御前におられる「知恵（サベツリア）に富む人は」と賞賛された、なんと、あの高貴なソロモン（サラマン）を見させていただくようになるのだ。どのようだろう（列王記上3章と5章参照）。

あの初めのない無限の、完全な知恵（サヘツリアエンサイ）において神性（ヂビニダアデ）の広大な御からだ、そして、思いも言葉も及ばないほど、すばらしく、はかり知れない御心の御意向。これらを終わりなく讃《たた》え、喜ばせていただくのは、どのようなのだろう。

この聖人たちの栄光（グラウリヤ）の本質が、私たちの究極の望みである。これらの教理を「観念」する（フィリピ3章21節参照）。

一つには、スチレイサと言って、何にも妨げられず、通過する自由のこと。

二つには、リセレイサと言って、一念が通じるように、身体の飛行がすばやいこと。

三つには、不滅（インハシヒラタアテ）と言って、不老不死の一生、わずかな悲しみを受けることもない自由のこと。

四つには、聖寵（カラサ）と言って、身体から光明を放ち、輝くようなこと。


イエスの言葉に「父の国で、一人ずつ太陽のように輝くだろう」と（マタイ13章43節参照）。全世界に太陽がただ一つでさえ、万物を照らし、すべての心を奮い立たせる。数限りない太陽が輝くのを見る心は、どれほどになるだろう。

さて、その他の楽しみをどのような言葉で言い尽くそうか。痛みも知らず、体調は申し分ない。自由であっても、人に使われることはない。見苦しさも知らず、すばらしさを揃え、ついに滅びない不老の状態だ。思い通りになり、豊かさに溢れ、騒ぎもなく平穏無事。恐ろしいこともなく、逆らうことも全くなく、分別の知恵は十分にある。悲しみのまじらない喜びに、下降する人もない段階の最終地だろう。

聖アウグスティヌス（サンアクスチニヨ）の言葉にこうある。

「あのところにこそ、栄光（グラウリヤ）があるのだろう。その理由は、なぜか。世間的評判や利益に無関係で、追従もない上、名誉や地位も受けて当然の人への授与を見合わせることがなく、欲する人へは与えられない所なので、真の地位も心もあるからである。自分からも人からも悲しめられることがない場所なので、まことの無事も、ここにある。」

この世でのすべての善への報《むく》いは、すなわち徳（ビルッウテス）を与え、我が身を与えようと約束してくださった御あるじである。この御あるじを終わりなく見、飽かずに思い、くたびれずに貴み申し上げるのだろう（一ヨハネ3章2節、エフェソ1章14節参照）。

その場所は広く、すばらしく輝き渡り、危《あや》ういことがない。友は快《こころよ》く、親しく、季節はいつも同じで、暮れる、明ける、ということもない。常に変わらぬ果てしなき永遠（エテルニタア）だ。聖霊（スピリッサンチ）の涼しさと潤いで、いつも花盛り、永遠の春のようだ。一人残らず、ここでは喜びに満たされて、万事をお与えくださる方のために、あがめ讃えるばかりである。

それにしても、貴い幸せな天の都、危険のない住みか、よろこばしいことを得る国だなあ。すべての民の中で、恨みを言い立てることもない。静かな、ちょっとした苦労や、思うままにならないということも知らず、秩序ある人の集まりだ。

すみやかに、この流浪を逃れる時は、さあ、いつ、来るのだろう。いつの日か、私たちの御あるじ**デウス**の御前に出させていただけますように、と願うだけなのだろう。

日曜日（ドミンゴ）

日曜日（ドミンゴ）には、**デウス**の御恩を「観念」させていただく。その御礼を申し上げるため、または、その愛（御大切）に燃え立つためである。

ところで、デウスの御恩を述べることに限りなし、とはいえ、極めて大きなものを選び、五カ条にして、これを大切に思い巡らすようにする。

一つには、御つくりの御恩。

二つには、おさめてくださること。

三つには、助けてくださること。

四つには、与えてくださる御恩。

五つには、一人ずつに分け与えてくださる御恩。特に隠れた、人の知らない御恩がこれである。

第一。御つくりの御恩を「観」る順序は、まず、つくられない前に私たちが何物だったかと考える。そして、それ以降については、私たちの側にいただけるような理由や価値もないのに、与えてくださる物の多さを思い巡らす。

まず「身体」へは、眼、耳、鼻、舌、身、それらすべての一組一組のすみずみに至るまで、そして「霊魂」へは、その本体をはじめとして知性（エンテンチメント）、意志（オンタアデ）、記憶（メモウリヤ）の三つの比類なき能力（ポテンシヤ）を加え、与えてくださる。ここをよく「観」るようにする。

この霊魂を授かることは、あらゆるものを授かることだ。なぜなら、ありとあらゆるもの、つまり、すべての完全性（ヘルヘイサン）に相応するものが、人間に備わっているからだ。そのようなわけで、この、ひとまとめにして与えてくださることが、万事を一つに集めて、お与えになる御恩なのだ。

そして次に、おさめるものをいただいて「観」るべきは、まず、自分の体がデウスと共にないなら一瞬でさえ、生きることも一歩を踏み出すことも、離れるとできないことだ。これを心で「観」る。

その上、天地に現れる森羅万象は皆、お前が使う道具として、おつくりになったのだ。天も地も、風や雲、海や岸、鳥や獣、草や木、天の使い（アンジヨ）までも、人のためとなる以外、何のために、つくられたというのか。それに加え、今この時に与えてくださる安泰、健康、命、力、衣食の二つ、その他、この身体の続く道で、何か御恩に漏れたことがあるだろうか。

さらに思い知るべきは、次々と襲う災難や、世の人の上に降りかかる難儀、難渋のすべてから逃れさせる「御助け手」の御恩だ。なぜなら、これを逃れさせてくださらないなら、他の人と同じように、お前も受けて当然だからだ。

この「御助け手」の御恩を「観」る。その順序は、まず第一に、御意向（テンサン）の御恩ゆえに、私たちに与える善や吉事の数が膨大であること。第二に、この吉事を私たちに与えようとして、この後、あるじの御身体、御霊魂がこらえた数々の御苦労と御難儀を「観」させていただく。

これらを心の底から、よく理解するために、御受難（ハシヨン）の四つの事柄を考えさせていただく。

一つには、これらの御苦労を受けたのは誰か。

二つには、何の苦労を受けたのか。

三つには、誰のために受けたのか。

四つには、何のために受けたのか、ということだ。

まず、御苦労を受けた方は誰かというと、すなわちデウスだ。

何の苦労を受けたかというと、天地の始まる前から今、そして後に至るまでの間に、その先例のない御難儀、御苦労だ。

誰のためかといえば、愚かでいやしく、そればかりか、悪逆無道の悪魔に等しい業《わざ》をおこなう者たちのためだ。

何の理由でといえば、御ひいきのためではなく、また、私たちにその価値があるためでもなく、ただひとえに、果てしなく広大な大慈大悲の御意向、あわれみのおかげだ。

また、召し出してくださる御恩には、まず洗礼（バウチスモ）を通して信仰（ヒイテス）へと召し出し、たくさんの恵み（カラサ）の……を受け得る身とされることが、どれほどの御恩か、「観」させていただく（ローマ6章4節参照）。

またその後、あの罪のない状態（イノセンシヤ）を失っても、再び、恵み（カラサ）に立ち返らせ、罪から引き戻し、御助けの状態に召し上げてくださる。どのような言葉によって、この御礼を申し上げればいいのだろう。はるか遠くの年月まで、時間を延ばし与えてくださる。どれほどの憐《あわ》れみだろう（二ペトロ3章9節参照）。

どれだけの数の罪をおゆるしになったのか。それは、どれほどの御慈悲だろう。どれだけの裁きを寛大におこなって、命の糸を断たず、大勢を罪の状態で死なせることがあっても、命のよみがえりへ連れ戻す光のために目を開こうとされるのか。どれほどの憐れみだろう。

また、「善」へと立ち上がった後、再び、罪に戻らない恵み（カラサ）を与え、敵に勝たせ、「善」に届かせてくださるのは、どのような憐れみだろうか。

これらは皆、目に見える御恩なので、互いに承知していることだ。まだ、この他に自分以外の人が知らない御恩もある。さらに、あまりに隠れて授かったので自分自身にも分からず、ただ、授けた「御与え手」だけがご存じの御恩がある。

幾人の者が自分のひどい怠慢や高慢によって、あるいは、御恩を知らないがゆえに、離れてしまったか。私たちにも、これらの問題は人並みにある。それでもお離しにならないことが、何度あっただろう。幾度《いくたび》、敵から私たちへ巧みに仕掛けられた綱を、御あるじは滅ぼし、その道を断ち切り、成り行きを変え、悪事を滅ぼしてくださることがあっただろう。

ある時、御あるじが**ペトロ**に「サタン（サタナス）がお前を小麦のように砕こうとする時、信仰（ヒイデス）を失わないよう、わが親に頼んだ」（ルカ22章31節参照）と話されたように、何度も私たちを守り、救ってくださったではないか。このような秘められた出来事は、デウス以外、誰が知り得よう。授かる御恩が気づけるようなことなら、時として見分けられる。悪いことから逃がしてくださる御恩は、どのように見分け、気づかせていただくのだろう。どのような御恩でも、御礼を申し上げることが重要である。

その上、この「観念」において理解すべきは、これらの御恩によって、どれほどの勘定を預かっているかということだ。私の方から、お返しする量より、預かっている方がまだ多いことを理解しようとするのだ。その証拠には、お返しすることは言うに及ばず、理解することさえも及ばないからだ。

右の黙想（メヂタサン）ならびに、その恵みのこと

右の各項目を皆、はじめの時に「観」るようにする。こうして七カ条に分けて、「七観念」と名付ける。そうとはいえ、これ以外を「観念」してもかまわない。なぜなら、最初に言ったように、私たちの心の中に畏《おそ》れと愛（大切）を起こし、御授けになった掟《おきて》（マダアント）を保つ勧めとして、教理はどれも黙想（メヂタサン）の対象と考えるからだ。

その中でも、右の四カ条を書き置くことが、とりわけ大事である。

第一に、これはすべて、私たちの「信仰（ヒイデス）箇条」の中の……の教理だ。その上、その人の素地にも寄るだろうが、デウスへの畏れと愛（大切）を勧める主題だ。

第二に、幼児にまず乳房をくわえさせるのと同じように、あの不安な道に迷った者のように徘徊して、歩かせないために、かみ砕いて与えてくださるのだ。なぜなら、初心時に、

この道に不案内なまま、方向を定めず駆け巡り、心を決めないで、ここかしこ泳ぎ、漂うのみ、となるからだ。

その上、善の道に入った人々の、はじめのために、この黙想（メチタサン）はふさわしい内容である。なぜなら、デウスに思いを向け始める時に、罪の後悔、罪への憎しみ、デウスへの畏れ、世を厭《いと》う態度、これらを手がかりのようにして歩み始めることが欠かせないからだ。その勧めとなることを、特に、その時期のために用いなさい。

こうしたわけで、右に言ったように、よい心を起こして土台とするため、前述の「観念」のたびに、日数を経て心を慣れさせ、親しむことが重要である。

願い求める祈りの基本

キリスト者（キリシタン）の「観念」は、御絵に向かってロザリオ（コンタス）をくりながら、祈り（オラシヨ）を唱えることではない。

ただ「観念」しようとする主題を取り上げ……願い求める祈りでは、このことを「観」るようにする。必ず、主題にさまざまな筋道を付けて、一生のあいだに取り組むそれぞれをしっかり自分の身につけるようにする。または、御恩の深さを知り、御礼を申し上げる。または、デウスが私たちに与えてくださる御慈悲を経験して、愛（御大切）に燃え立ち、臨終の際に、この修行《しゅぎょう》が自分のものになっているようにする。これは、そのような悟りを開くための「観念」だ。

だから、たとえば、次のようにすると良い。

御あるじイエス・キリストの御受難（ハシヨン）の様子を「観念」しようとする時は、まず御あるじを侮りながら引き出して、さまざまな糾明や讒言《ざんげん》を浴びせたけれども、ひとことも言い訳されず、耳の聞こえない者か、口のきけない者のようにして、あの拷問の前に立っておられるありさまを、今まさに、自分の目の前で、糾明されているかのようにして「観」る。

ここで私たちが身につけるべきは、堪忍《かんにん》、無言、へりくだりだ。それをどのようにと言うと、次のようにである。

この君《きみ》が天におられる時は、どうだったのだろう。天地を御言葉ひとつで、御つくりになり、天の御国の使い（アンジヨ）、そして、全世界の人々や地獄（インヘルノ）の悪魔までも「今、無くなれ」と思われるなら、塵や灰のようにされるだろう。そのような御あるじが、私たち人間に対してととのえてくださる功徳のために、御つくりになった者の前にかしこまっておられる。そのへりくだりを見る時、私たちがこの一生を終えたあとの安住の地は、いったい、どのような所なのだろうと驚き、今から先は、すべての人の下の下に屈んでいるようにしようと考えるべきではないか。これを、聖フランシスコ（サンフランシスコ）が実行された。最後までそのようにされて、今に至るまで弟子たちに、その模範を見せてくださっている。

また、人から糾明や讒言を種々さまざまに浴びせられても、少しも言い訳されないありさまを目にして、自分自身の誤りを軽く言い、少しのことにも耳をそばだてて問答や口論に及ぶのを、今からやめようと決心する。

また、十字架（クルス）に掛かるありさまを「観」る時は、私たちを助けるために、御あるじは罪がないにもかかわらず、このように御辛苦を耐えしのんでおられるのだから、私たちのような罪人が助けていただくためには、この身を車裂きにされ、骨を塩漬けにされてもかまわないと決心する。

この「観念」というものは、どれもこんなふうだ。こうしておこなう「観念」の修行は、血を流す鞭打ちの苦行（チシヒリイナ）よりも、デウスの御心にかなうことなのである。

「観念」の項目

デウスが人をつくられたのは、つくってくださった御あるじを大切に思い、御奉公することによって、後《のち》の命の救いをその者に求めさせるためである。そのように、**デウス**を知り、御奉公いたすキリスト者（キリシタン）は、人間の中の優雲華《うどんげ》〔つまり三千年に一度開花するという珍しい花のようで〕幸せの中でも最高の幸せだ。

デウスへは、自然（ナツラ）の恵みに対し、お仕えすることが欠かせないが、それだけでなく私たちに与えてくださる一つ一つの格別の御恩に対しても、大切に思わずにはいられないだろう。

とりわけ、この御恩の中でも、私たちをつくってくださったことが、最大の御恩だ。

ここで、自分が生まれ出て以降を思い巡らしてみよ。まず私の身体と意識は、一滴の露のしたたりだった。ところが目、口、耳、すべてから知恵、命、力を受けて出る。それは父の仕業か、母の営みか。父は知らず、母も知らず、私はまた更に知らないが、御作者なしに私は存在しないだろう。これをたとえて言うなら、父は鍋釜の下地になる高温で溶けた鉄、母は「かまど」だ。熱さも知らず、中途半端な松や竹などの形を受けて生じることは、全くこのものの働きではなく、ただ鋳物師のわざによってだ。このことを教典の言葉では、質料因（カウザマテリアル）と形相因（カウザホウルマル）と始動因（エヒシエンテウザヒ）と言う。デウスが父母によって人をつくることも、これと同様だ。

ところで、どの国の法でも、ものを授かった人は、その授かった同等のものでお返しする。デウスが私たちをつくってくださったおかげで自分に備わっているもの、つまり身体や意識をはじめとして知識や苦悩までも、御作者のあるじが与えてくださったものによって御作者に御奉公することは、本来のあるべき姿だ。この奉公をしない者は、盗人同然だ。

たとえば、人の子として親不孝なのは、正真正銘の極悪人だというのに似る。その場合でさえ、親が大変な時は、自分の身を分けて産んだ恩のかわりとして、その子を売ることができる。この世の一回限りの親子でさえ、これほど深い恩なのだから、身体と生命を共につくり与える本当の親、まことの御作者に対する御奉公は、千万の身をもって、手をくだき、血をしぼってでも、まだ報《むく》い尽くすことがないだろう。

ある学者がこう言った。

「ものを授かったことは、肥沃な地に種を落としたのに似る。つまり、それは、一粒を一万倍にして返すことなのだ。」

そうであるから、デウスから授かったもので、せめて、それ相応にささげようとさえしない怠慢は、言語道断だ。とりわけ、この御奉公は、与えてくださった御恩に報いるだけではない。それによって栄光が永遠に果てしなく広がる、天の楽しみを私たちにくださる道ともなるのだ。だから、これを御奉公と呼ぶかというと、つまりは私たちの……ためなのだ。それならば、どういう国から来られた、どのような人のためにさせていただくのですかと尋ねると、やっとその時、自己を認識し……の勤めをし始めるだろう。

この問答をしないでいると、自分と、自分の身体を、あたかも自分でつくったかのようにして一生を暮らすだろうから、この「観念」によって天地の御あるじ、御つくりくださった方と、私たちとの隔《へだ》たりを理解しようとするのである。

対話（コロキヨ）の祈り

天地の御あるじよ、私たちを御つくりになった方に申し上げます。

あなたは確か（セルト）な命の源《みなもと》ですから、すべての命は、あなたから生まれ、すべてのものは、あなたによってつくられます。あなたがいらっしゃらなければ、私の命もこのからだも存在しません。

今、心の「観念」によって、まことの光を授かり、あなたと私自身を知りましたので、私の光はあなたを尊びます。どうか、この光で死ぬ間際まで、あなたを尊び、今の世から後《のち》の命に至るまで尊び通し続けるよう、おはからいください。真実に望ませていただきます。

同　サンタマリヤへ

おとめ（ヒルセン）サンタマリヤよ、つつしみ、うやまって申し上げます。私は、父母の胎内より幼少の頃、岩や木と同じように春秋を送りました。そして成長し、大人になって結婚しました。世の悲哀に心を砕き、このようにつらいことを聞かぬ身の寄せ所はどこですかと尋ねると、天の御国の他にないと。それで、わずかな頼りを求めて、遂に、はかりなき御光をいただき、死の、この国から光の道へ出ました。けれども、罪という妨げの海はなお深く、生死の山はますます高く、愛（御大切）の障害となるので、沈む私たちをお助けくださいと、ここでキリエと「アヴェ・マリア」の祈り三環を申して「観念」をいたします。

死の「観念」

死のありさまを目の前に「観」る。そうすれば最期に、〔心が〕乱れることはないだろう。この「観念」をする人は、世の浮き沈み、栄え衰えをいずれも夢の戯《たわむ》れとわきまえるので、くだらないことに心をとどめず、ただひたすら天の住みかにのみ、心を寄せるものだ。

御あるじイエス・キリストの言葉に、こうある。

「いかなる人が世界をことごとく手に入れようとも、霊魂に痛みを受けるなら何の益があるだろう（マタイ16章26節、マルコ8章36節、ルカ9章25節参照）。」

また仰せになった。

「いかに愚かな者よ、いま、お前より霊魂を奪う。そうすれば、お前が用意したものは誰のものになるのか（ルカ12章20節参照）。」

これは本当だ。全世界を手中に収め、一日の宝を自分一人で持て余すほどに持っていても、屍の上には露ほども用のないこと。これは大事《おおごと》と目の前に見ないのか。

これを心の底より悟り、□にこそ御受難（ハシヨン）の勤めをおこないなさい。これほど大事でないなら、デウスがこの勤めをされるだろうか。

こうしてキリスト者（キリシタン）は夜ごとに善悪をただし究《きわ》めて、罪があれば涙を流し、御ゆるしを乞い、御奉公を勤めたなら、その御礼を申し上げ、「少しの善行でも、ご自身の御血と御受難に合わせ、我らの愛（大切）のしるしとご覧いただけますならば、何の祝いがこれ以上にあるでしょう」と口を開いて、願いを発するのだ。

ここで対話（コロキヨ）の祈りを申し上げ、今夜この寝床を去らずに霊魂を召し上げられるにおいては、「いまの身の罪をおゆるしくださり、恵み（カラサ）の道から外れませんように」と深く御慈悲を乞い、明日を期待してはならない。


（「聖母の騎士」誌に掲載された訳を、他と統一するために改めた）

アベマリヤの時に願い求める祈り

貴きサンタマリヤの境遇を「観」る

天地が始まってから、この貴いおとめ（ヒルセン）マリヤの時まで、世界の霊（スヒリツ）の道は闇となって、にごり極まった中に、この君《きみ》ただ一人がこれまでに例のない、おとめ（ヒルセン）の願いを起こしたことは、泥の中の蓮のようなヒルセンの女人《にょにん》であられる。もとよりデウスもそのために選び出されたので、この君十六歳の春の……三月二五日のたそがれ時に、聖ガブリエル天使（サンガビリエルアンシヨ）を聖なる（サンタの）信仰□天の御使いとして差し下した。

そこで、聖ガブリエル（サンガビリエル）は光明《こうみょう》が輝き、すばらしい香りがするありさまで、この君の前にかしこまり、「大変貴いマリヤ様へ申し上げます。すべての人間の助け手は、あなたの御胎内に宿られるでしょう」とお告げになった。お返事に、「ご覧のように私は取るに足りない、デウスにお仕えの身ですので、仰せを背くことはできません」とおっしゃるとともに、その御胎内に、御あるじイエス・キリストがお生まれになる所として宿られたということを目の前に「観」る。

ここで「アヴェ・マリア」の祈りを申して、「観念」しなさい。

（ルカ1章26〜38節参照。「聖母の騎士」誌に掲載された訳を他と統一するために改めた）

糾明（エサメ）のこと

第一。

〔右手の親指で、十字のしるしを額と口と胸にして、

「私たちの主よ、聖なる十字架のしるしによって、私たちを敵から自由にしてください。

+ Per《ぺる》 signum《しいぬん》 sanctae《さんて》 Crucis《くるしす》 + de《で》 inimicis《いにみしす》 nostris《なふすちりす》 + libera《りべら》 nos《なふす》 Deus《でうす》 noster《なふすてる》.」

と〕「ヘルシンヌ」を唱え、その時々の御恩の中でも、その日に授かった御恩の御礼を申し上げること。

第二。自分自身の誤ちを見分け、知る恵み（カラサ）をお与えくださいと頼み申し上げ

ること。

第三。思い、言葉、おこないによって、その日、陥った罪をよく考えて、思い出しなさい。

第四。過去を後悔し、今……聖アウグスティヌス（サンアクスチニヨ）による貴き御受難（ハシヨン）の神秘（ミステリヨ）に対して、自作の祈り（オラシヨ）のこと。

「うやまって申し上げます。

御あるじイエス・キリストよ。

あなたは、すべての人間を助けてくださるために、お生まれになりました。そして、割礼《かつれい》（クルクンシヨサン）をお受けになり、ユダヤ（ジユテヨ）人等から侮られ、謀反人のユダ（ジウダス）によって敵の手に渡され、捕えられ、罪がないにもかかわらず、子羊を犠牲（サキリヒイシヨ）のために引いて行くように連れて行かれ、アンナス（…ス）、カイアファ（カヒハス）、ピラト（ピラトス）、ヘロデ（エロウテス）等の前で乱暴に扱われて、偽りの証人等から訴えられました。打擲《ちょうちゃく》と恥辱をこらえ、唾を吐きかけられ、茨の冠をかぶせられ、御顔を打たれ、竹で打ちたたかれて、十字架（クルス）に。

誰のために、身を苦しめ、心を悩まされたのであろうか。」

それで、臨終の病《やまい》の床《とこ》では、悟った真理の味わいも甘からず、生まれて以来のふとんも柔らかでない。授かった寿命はたちまち尽き、生涯が終わろうとするその時、一日一日が来ては責める。悪縁が外に引き、妄念が内に生じ、どうにもならない。必ず行く道と、かねがね思っていたが、今日この頃は、覚悟せずにいた。これ限りの夕べなのだろう。

そうであっても、悔しく過ぎた昔だなあ。用意しておいた、よいおこないでもあれば、次の世の望みもあるだろうに。我が身の罪は、空の星の数よりもなお余りあるだろうが、この度、命を延ばしていただけるならば、頭を丸め、顔を……後生を願うのに。そう、しきりに後悔してみても、昨日の空のあとの嵐よ。ああ、身を知らない自分だったなあ。生きているあいだ、御あるじに対し世間のことの十分の一ほど、御奉公したのだったら、わずかでも収穫があっただろうに、夢よりもはかなく、幻よりも無駄な世間の誉れか、世間並みの自分の利益と引き換えに、長い世の楽しみを失ってしまったことだなあ。ああ、しまいに黄金《こがね》を買えていたのではないかなあ（ヨハネ黙示録3章18節参照）。

それほど大切に思った世間よりも、息の切れた屍の姿を見よ。骨がまだ朽ちず、その名が世に残る、筋《すじ》も果ててしまったその姿を。焼けば灰、うずめれば土。そのまま山に捨て置けば、日が経つにつれてあさましいことになり、内臓があふれ出し、風に漂うその臭いに、行き帰りの人は鼻の皮を引きはがされそうになりながら、目をふさいで急いで去るものだ。その昔には、長く美しい黒髪、芙蓉《ふよう》のような顔、遠山の眉《まゆ》、ずっと咲き続ける花のような唇も……汚らわしいもののために長い世の快楽と交換すると思うと悔しく、このありさまを見ることに堪えられないので、土をかき集めて隠したならば、いつしか草の露深い野辺《のべ》の行き帰りに踏むものとなって、誰の行方とも分からなくなってしまう。このような昨日の人の最後を見ないのであろうか。

このことをよくよく「観念」すれば、いたずらに日中を過ごし、夜を明かすことはない。出る息が入るのも……より劣っているのではないか。遠くでは何でも聞き入れ、近くでは私の友としていた人は、人生の半ばを過ぎて、いつ自分に帰るのか。このように、死ぬ矢先の残り時間のないうちになのだろう。

今まで、命が長らえてきたことは、幾千万の宝石の贈り物以上だ。

私の魂（アニマ）よ。

さあ、光の消えないうちに煩悩の眠りを覚まし、世の偽りから逃れゆこう。しかしながら、自力ではかなわない。

御力を添えてくださるイエス・キリスト、サンタマリヤにすがり、対話（コロキヨ）の祈りを申し上げなさい。「コロキヨ」とは、自分の心のうちにあることを言葉につづって申し上げることである。


（白石良氏によると、冒頭の「ヘルシンヌ」は、当時の教理書『どちりいなきりしたん』［一五九一年版］にも見られ、そのあとの祈祷文「うやまって申し上げます」から「心を悩まされたのであろうか」までは、生月壱部のかくれキリシタンのものとほぼ同じ）

御糾明の「観念」

自分の身の上を糾明して、その日、罪を犯さなかった場合、御礼を申し上げる。もし、悪いおこない、悪い言葉、悪い思いが自分にあると思えば、大いに悔やんで悲しみ、「再び、このことを思うような振る舞いはしまい」と決心して、御ゆるしを求めるのだ。

罪を持ちながら、それを改めずに年月を送る人は、鳥や獣《けだもの》より劣っていると思いなさい。それはなぜかというと、鳥類、畜類、虫けらの類《たぐい》は、現世一回限りの命を持つだけで、その命は死ぬと共に無くなるので、善悪生死の判決にもあずからないからだ。しかし、人は魂（アニマ）と霊（スピリッツ）のある命だ。永遠の生命を得る。だから、この世にいる間の「今思っている考え」と「過去に思った考え」、「今言っている言葉」と「過去に言った言葉」、「今おこなっている仕業」と「過去におこなった仕業」、それぞれに対する善悪の御糾明がある。そして、善人には天国（ハライソ）の楽しみ、悪人には地獄（インヘルノ）の苦しみをお与えになることは、天におこなわれるように地でもおこなわれる。

もし、この賞罰がないと考えるならば、天にも地にも四季の万物にも、お定めになる主がいないことになる。そして、その計画した御方がいなければ、私たちも他の人も、渚《なぎさ》の白波も、水のない空に立ち消えるだろう。これが本当なら、なんと言語道断な、道に外れたことか。釈迦の教えのうちにさえ、因果を否定することを「外道《げどう》」と言っている。「外道」と言っても、天魔波旬《てんまはじゅん》〔つまり仏道の邪魔をする魔王のこと〕ではない。

もし、この天地も、あらゆる事象も、因縁なく存在するなら「御作者なし」というのも筋が通っている。だが、天と地が、世界に塵ひとつないところから治まるということがないなら、治め、はからう御方はいないことになる。それは紛れもなく、確かだから、治めておられるのであれば、その御意志には隠れるところがないだろう。したがって、人の善悪邪正がどうして御賞罰にあずからないと言えようか。それゆえ、私たちの一生の御奉公への報《むく》いは、天国（ハライソ）の永遠の快楽なのだ。そして、一生のあいだの悪いわざの御成敗《せいばい》は、地獄（インヘルノ）の苦難なのだ。

ああ、報いの少ない不幸な罪人よなあ。想像を絶するほどの長い時を経ても、もう浮かぶ瀬のない身の苦しみを、いかにして、こらえようか。その時になって繰り返し悔やみ、悲しんでも、つらくてやりきれないだろう。けれども、その時の百年分の後悔を短い時間ここでするのは有益な悔いで、それは、苦しみを除き「善」を生む価値のあるものだ。

ある人が、生前「死んだあとの命がどこかにあると言っても、それは、どこを指しているのでしょう」と思いのままに暮らしていたが、臨終の間際になって悔やみ、御ゆるしを請いながら「今のあのこと、このことを。過去のあのことを、そしてこのことを」と言って、泣く泣く死んだのである。この一大事をデウスが、御慈悲によって、お逃がしくださ

るた（以下欠落）

あとがき

海を越え、言葉や文化の違いも乗り越えて全世界に広がった教会は、悠久の時の流れの中で特別な恵みの時を持ちます。一九四九年は、そのような特別な時でした。

ザビエル来日四百年を祝う大小様々な集まりが、日本各地で催されました。その当時を知る内藤徹男氏が話してくださった出来事は、キリシタン時代を彷彿とさせるものでしたので、お願いしたところ、広く多くの人に伝えたいという私の思いを汲んで、ここにお寄せくださいました。心から感謝申し上げます。

なお、発見当時の京都帝国大学、新村出《しんむらいづる》氏による報告書（一九二六年発刊）は、現在インターネット上で見ることができます。同時期の教会側の報告書は、パリ外国宣教会の本部に残されています。その中から、カトリック千提寺教会創立やキリシタン末裔の証言などの記載がある一九二四年と一九二七年の一部を翻訳させていただき、それらを資料として、二〇一〇年に依頼先の茨木市立キリシタン遺物史料館へ、そしてユスト高山右近列福運動推進中のカトリック大阪大司教区へ提出しました。その後、自費出版の拙書『神のよびかけ』に掲載し、配付させていただきました。

参照した論文（二〇一二年と二〇一三年）は、ポーランド人のソブチェック・マウゴジャータ氏によるものです。後者をインターネット上で見ることができます。他には、辞書類以外に、『キリスト教神秘思想史』２、３（上智大学中世思想研究所翻訳、監修、平凡社）、『吉利支丹文学集』１、２（新村出、柊源一校註、東洋文庫567、570、平凡社）、『キリシタン書耶蘇書』（海老沢有道、Ｈ・チースリク、土井忠生、大塚光信校注、日本思想体系25、岩波書店）などを参照しました。

この地域のキリシタンの里に関しては、Ｈ・チースリク神父が書いておられますが、高木一雄氏の『関西のキリシタン殉教地をゆく』（聖母文庫、二〇〇五年、四六九～四七〇頁）に、イエズス会やドミニコ会の宣教師が音羽村の隠れ家から巡回していたとあります。私はその数行を目にした時、ひそかに祈り続けた数知れない人々や、一九二六年の教皇大使の来訪後、ほどなくして天国へ旅立った最後のキリシタン女性を思いました。

「主の言葉は永遠に変わることがない（一ペトロ1章25節）。」

この小さな本が、信仰の熱い思いに触れる機会となれば幸いです。

二〇一八年六月

坂井　良美

坂井 良美（さかい・よしみ）

兵庫県出身、カトリック信徒。
「キリシタンの里」だった千提寺での黙想会に参加し、1987年受洗。
以来、この地で受け継がれてきた信仰を伝えたいと願い、現在に至る。

吉利支丹抄物　解説と現代訳―書き残されていたキリシタンの信仰

発行日………2018年12月25日 初版

著　者………坂井良美
発行者………阿部川直樹
発行所………有限会社 教友社
275-0017 千葉県習志野市藤崎6－15－14
TEL047 (403) 4818　FAX047 (403) 4819
URL http://www.kyoyusha.com
印刷所………モリモト印刷株式会社

ISBN978-4-907991-49-4　C3016

落丁・乱丁はお取り替えします